Ramón Nieto

# LOS VASCOS

ACENTO
EDITORIAL

*Primera edición: mayo 1996*
*Segunda edición: octubre 1996*
*Tercera edición: marzo 1998*

Diseño de cubierta: *Alfonso Ruano/César Escolar*

© Ramón Nieto, 1996
© Acento Editorial, 1996
   Joaquín Turina, 39 - 28044 Madrid

Comercializa: CESMA, SA - Aguacate, 43 - 28044 Madrid

ISBN: 84-483-0110-2
Depósito legal: M-4099-1998
Fotocomposición: Grafilia, SL
Impreso en España/Printed in Spain
Huertas Industrias Gráficas, SA
Camino Viejo de Getafe, 55 - Fuenlabrada (Madrid)

# ÍNDICE

# INTRODUCCIÓN

«Ich bin auch ein Berliner», yo también soy un berlinés, proclamó John Fitzgerald Kennedy delante del muro que entonces partía el esternón de Berlín.

Yo también soy un vasco.

Deberíamos todos los españoles sentirnos vascos, porque los vascos representan a los españoles, a lo que se entiende por español fuera de España: la manera de hablar (fuerte, estruendosa), la fanfarronería (aunque algún autor, al hablar del catolicismo barroco, dice que es sensual, teatral y pomposo, y que los vascos, al contrario, tienen una veta jansenista, que los hace austeros y puritanos: son puritanos en cuanto a la lujuria, quizá por su respeto a la sagrada institución de la familia, pero no lo son en cuanto a la bebida y la comida), el fanatismo religioso, el fanatismo ligado a la defensa de unas ideas (el numantinismo), la testarudez. Todas esas características son muy hispánicas desde antes que los romanos bautizaran Hispania a España.

Otros rasgos, derivados del mundo árabe y que encarnan principalmente en los andaluces, son más llamativos desde el punto de vista folclórico, pero menos genuinos. Diríamos que son rasgos añadidos a una caracteriología celtíbera que arraigó en toda la península durante miles de años.

El espíritu español se resguardó en las montañas de la cornisa cantábrica, y es probable que de los vascones proceda gran parte de la población española, pues desde Navarra y Aragón fueron empujados hacia el sur por los romanos, y con ellos arrastraron a las tribus de caristios, várdulos y autrigones que habían sido vasquizadas por ellos. Ocurrió después que visigodos y árabes fueron modificando los entramados sociales, mientras en el norte perduraban rasgos paleolíticos, como la propiedad comunal, la familia gentilicia o el matriarcado.

Como dice Torrente Ballester: «Los vascos, para empezar, fueron los que hicieron Castilla». El embrión de Castilla —y también el de la lengua castellana— se encuentra en territorio vasco. El País Vasco era castellanohablante cuando en Valladolid se hablaba el bable. Y las pinturas al fresco de la Casa de Juntas de Guernica muestran a los antiguos reyes de Castilla, con unas inscripciones que hacen referencia a la jura de los fueros como señores de Vizcaya.

Cuando sonó la hora del descubrimiento y la conquista de América, los vascos se embarcaron en aventuras ultramarinas, y fue uno de ellos, Elcano, nacido en Guetaria, el primero que dio la vuelta al mundo; otro, Juan de Garay, nacido en Orduña, fundó Santa Fe y refundó Buenos Aires; Legazpi, natural de Zumárraga, conquistó Filipinas y fundó Manila; Martínez de Irala, natural de Vergara, fue gobernador del Río de la Plata y fundó Asunción; Luis de Arriaga, vasco residente en Sevilla, había intentado en 1501 crear en Santo

Domingo una colonia vasca; el vizcaíno Juan de Zumárraga fue nombrado obispo de Nueva España; un navarro, Pedro de Ursúa, encabezó la expedición desde Perú a las selvas amazónicas en busca de El Dorado, y fue víctima de la conspiración de Lope de Aguirre, otro vasco, natural de Oñate, que lo asesinó; otro navarro, Juan de Azpilicueta, exploró una amplia zona de Brasil; y no hay que olvidar la cristianización de Japón y de parte de China efectuada por San Francisco Javier...

Se dirá que hay muchas gestas americanas debidas a extremeños, andaluces y castellanos, y es verdad. Pero también es verdad que se encuentra difícilmente a un gallego o a un catalán.

De los ejemplos anteriores es fácil deducir una vocación de los vascos por la fundación de ciudades, por el asentamiento, por la idea de «hasta aquí he llegado y aquí me quedo», propia de los pueblos que buscan la tierra prometida, inspirados por no se sabe qué mandato celestial.

Resalta Oteiza la mayor capacidad del vasco para estar solo, para vivir solo, y pone como ejemplo a los pastores vascos, preferidos de los norteamericanos porque dominan mejor que otros la soledad.

A esto se une un afán de dejar algo que perdure, que permanezca más allá de nosotros mismos, que dé algún modo venza a la muerte. Otros pueblos emigrantes —como los sicilianos o los gallegos— han ido por el mundo a ver si hacían fortuna, y, cuando la hacían, regresaban a sus lares convertidos en indianos, con los bolsillos repletos. Los vascos, en cambio —como los irlandeses, a quienes guía también un profundo sentir religioso—, cuando han ido a colonizar, o a comerciar, o a pastorear, han ido a quedarse, a instaurar dinastías, a sembrar, junto a la mies, el apellido.

A Baroja, según confiesa, le habría gustado no haber nacido en San Sebastián. «Hubiera preferido nacer en un pueblo, entre montes, o en una pequeña villa costeña». De San Sebastián dice que «está muy dirigido por gente llegada de Pamplona, de Zaragoza, de Valladolid, de Chile, de Chuquisaca, que tienen el ansia de brillar. Se brillaba antes marchando al lado del rey, o tomando café con un torero célebre, o saludando a un aristócrata. Hoy no se puede brillar así. Hoy se brilla con un gran automóvil. Respecto a las señoras, que algunas en verano parecen princesas, tienen en invierno tertulias en donde juegan al julepe. ¡Al julepe! A madame Recamier le daría un ataque de nervios este nombre de botica. San Sebastián tenía fama de ser un pueblo alegre. Ahora ya no lo es. Había una canción en vasco que decía:

*Festaric beardala*
*bego Donostiyan*
*betico a du fama*
*fama bai ondo mereciya.*

(Si tiene que haber fiestas, debe haberlas en San Sebastián, que siempre ha tenido fama para esto y fama bien merecida)».

Los rasgos de los vascos, tal como los refleja Cervantes, los resume Caro Baroja en estas palabras: «Simplicidad, orgullo y violencia». Los tres se nos revelan en el Quijote, en la escena del vizcaíno (que no era vizcaíno, es decir, de Vizcaya, sino vascongado, pues se llamaba Sancho de Azpeitia, y Azpeitia está en Guipúzcoa), todos ellos adobados con el tono caricaturesco inherente a la obra de Cervantes:

— su forma de hablar el castellano, con la alteración del orden sintáctico de las palabras (por ejemplo, «mientes que mira si

otra dices cosa», en vez de «mira que mientes si dices otra cosa») y la eliminación de artículos («si lanza arrojas y espada sacas», por «si la lanza arrojas y sacas la espada»);
— su vanidoso alardeo de hidalguía, a la que era acreedor, por cierto, y que llevaban a mucha honra los vascos por el mundo («¿Yo no caballero?... ¡Vizcaíno por tierra, hidalgo por mar, hidalgo por el diablo!...»). Unamuno, al referirse a este pasaje, considera al Vizcaíno como a un segundo Don Quijote: «Ahora va de igual a igual, de loco a loco... ¡Oh espectáculo de largos en largos años sólo visto, el de la lucha de dos Quijotes!...»;
— su vehemencia de carácter, no exenta de fanfarronería («matar a su ama y a toda la gente que se lo estorbase»; es decir, a todo ser viviente que se le pusiera por delante).

Pero el talante del Vizcaíno es, al decir de Oteiza, el más netamente español. «Dejadme solo», reclama el Vizcaíno —escribe Oteiza—, para entrar él solo en combate, dando la definición vital (vasca) más española de todos los españoles del libro» (el subrayado es nuestro).

También es de resaltar la opinión de algunos autores franceses de aquella época, que los consideraban hombres «de entrañas cálidas y ardientes por temperamento». Durante los dos siglos siguientes, a los vascos los tacharon de «turbulentos», calificativo que ha vuelto a resucitar en nuestros días, al menos para algunos grupos minoritarios. Tal turbulencia contrasta con los relatos idílicos que en el siglo XIX y comienzos del XX se hicieron de la vida en el País Vasco, y de entre los que destaca el *Ramuntcho* de Pierre Loti.

«Indómitos, orgullosos, tribales, supersticiosos y carlistas hasta la médula», como los calificó el explorador Stanley, son los herederos de la raza íbera, capaz de sobrevivir al naufragio de pueblos europeos bajo el peso de las invasiones indoeuropeas, de pactar con los romanos para no romanizarse del todo, de mantener su independencia durante las invasiones bárbaras de godos y francos, de quedar al margen de la avalancha musulmana, y de dotarse de un régimen de peculiares normas frente a Navarra y Castilla, que dura hasta hace un siglo.

Ese pueblo es la suma, el compendio, la exageración del talante ibérico. Ojalá que este libro nos ayude a asumir ese pueblo a todos cuantos somos ibéricos en un porcentaje menor, para defender así nuestra propia libertad.

# I
# HISTORIA

La historia del pueblo vasco es poco y mal conocida, en parte por las brumas que envuelven sus orígenes, y en parte porque muchas personas han querido emborronar las zonas más brillantes y mejor estudiadas. Si hay algo que no puede discutirse de los vascos —quizá lo único— es que ningún otro pueblo histórico (excluimos, pues, los pueblos indígenas que viven todavía en la prehistoria) se ha mantenido durante toda su existencia (es decir, desde que tenemos conocimiento documentado de ella) en el mismo enclave geográfico.

A título de ejemplo, pensemos en el pueblo kurdo, instalado en el actual Kurdistán varios siglos antes de Jesucristo, un pueblo nómada, de estructura tribal desperdigada, a quien ninguno de sus vecinos pudo sojuzgar, pero que a partir del califato empieza a ser sacudido por migraciones constantes, dentro de un espacio que comprende prácticamente todo el territorio de Irán, Irak y Turquía (con una fuerte presencia al este del mar Caspio, en la frontera con Turkmenistán). Después de muchas vicisitudes, los kurdos, que son unos 20 o 25 millones de personas, se reparten así: 12 millones en Turquía [1], 6 millones en Irán, 4 millones en Irak [2], casi un millón en Siria y una pequeña minoría en Armenia.

Otro ejemplo podría ser el del pueblo judío, que posee una compacta identidad, pero que ha vagado desde tiempos remotos por multitud de países, en busca de una tierra prometida que seguramente sólo se encuentra en un lugar imaginario del planeta.

El único pueblo que mantuvo una identidad a lo largo de los siglos sin que se alteraran de forma sensible sus fronteras fue el pueblo picto, establecido en el centro y norte de Escocia, pero que es hoy día un vestigio histórico, pues desapareció tras la derrota de los romanos por los escoceses.

No consiguieron, en cambio, los romanos dejar huella profunda en el País Vasco, si se exceptúan las tierras llanas de Navarra y Álava, donde perduran nombres como el de Calahorra (de Calagurris) o Pamplona (de Pompaelo, es decir, ciudad fundada por Pompeyo en el 75 a.C.). El norte de Álava, la Navarra pirenaica, y las actuales provincias de Vizcaya y Guipúzcoa, no fueron romanizadas

---

[1]   Este dato, de 1991, ha sido sensiblemente modificado en 1995, tras la expulsión de territorio turco de más de un millón de kurdos.

[2]   Más de medio millón han sido obligados por Saddam Hussein a trasladarse, después de la guerra del Golfo, del norte al sur de Irak.

—excepto los lugares costeros—, quizá por su escaso valor económico.

Siglos antes se había producido un fenómeno parecido con los celtas, pueblo indoeuropeo que entró por los Pirineos y se introdujo en Navarra, con una débil penetración en el ámbito vasco, donde dejaron algunos nombres de lugares, algunas construcciones de piedra y el culto a algunos dioses. Pero como todo el mundo sabe, la lengua vasca no es una lengua indoeuropea, que no procede, pues, ni de los celtas, ni de los romanos, ni de los visigodos, que presionaban por el sur, o los francos, que lo hacían por el norte. La única lengua no indoeuropea que conocemos —aunque mal— en la península, es el ibero. Pero sobre las características del ibero ya señaló Humboldt que los antiguos geógrafos e historiadores, griegos y latinos, ponían en duda sus propias transcripciones «cuando se trataba de nombres bárbaros, difíciles de pronunciar». Esta observación la hacen tanto Estrabón como Plinio y Pomponio Mela. Estrabón muestra su desagrado ante las ásperas fonéticas y los sonidos extraños, por lo que selecciona sólo aquellos más afines a las sílabas griegas y desprecia todos los demás, que son, precisamente, los más característicos.

Otra cuestión que no debemos dejar caer en saco roto es la diferente pronunciación según las tribus o los lugares, así como la diferente escritura. Y así mismo los nombres diversos que daban al mismo pueblo o al mismo objeto los naturales del país y los forasteros, fenómeno agudizado con las frecuentes invasiones y por las mutilaciones y falsificaciones de nombres que llevaban a cabo los copistas cuando querían transcribir lo que su oído había percibido [3]. Los historiadores han llegado a la conclusión de que sólo la escritura de las monedas es fiable, y aun así, con ciertas reservas.

## Los orígenes de los vascos

Sobre el origen del tipo de hombre vasco actual hay varias tesis:

— la que se sustenta en una evolución del hombre de Cro-Magnon (hacia el año 7000 a.C.), ocurrida en los territorios lindantes con los Pirineos, unida a la influencia ibera, patente en la lengua;

— la que sostiene que el hombre vasco procede de una migración de un pueblo neolítico procedente del este europeo, con posterioridad a la última glaciación (hacia el año 4500 a.C.). Esta teoría confirmaría las afinidades existentes entre la lengua vasca y algunas lenguas no indoeuropeas de la zona caucásica;

— la mantenida por el poeta latino Marcial, que mezcla la ascendencia ibera con la ascendencia gala primitiva, lo que apoya la tradición druídica que ha querido encontrarse en algunas tradiciones y algunas creencias mitológicas;

— la que los emparenta con los judíos, pues la Biblia llama ibri a los hebreos, y hay quienes lo consideran un pueblo que partió de Iberia;

— la cada vez menos consistente teoría de que proceden de

---

[3]  Un testimonio clarísimo de este fenómeno lo tenemos en la grafía utilizada por los copistas latinos para reproducir los sonidos que escuchaban a los árabes. Todavía hoy no se ponen de acuerdo los especialistas para unificar la transliteración latina de la lengua árabe.

una invasión beréber, cuando hoy se cree que fue más bien al contrario: los beréberes procedían de los iberos que cruzaron el estrecho después de la última glaciación;

— la de quienes los hacen descender directamente del hombre de Cro-Magnon, que apareció 40.000 años antes de nuestra era, y que pudo haberse quedado «estancado», y evolucionando por su cuenta, en una zona limitada del planeta como es el País Vasco.

Las preguntas que se siguen haciendo antropólogos y lingüistas son éstas: ¿Quién es este pueblo que no parece haber venido de parte alguna, sino haber surgido de la tierra, de su tierra, a la que se encuentra tan firmemente atado? ¿De dónde ha podido venir este pueblo —si no ha surgido de la tierra, es decir, de la nada—, como de la nada surgió el universo, un pueblo al que ni los celtas, ni los fenicios, ni los griegos, ni los romanos lograron asimilar y que hablaba una lengua proveniente de la más remota prehistoria?

Volvamos al hombre de Cro-Magnon. Se encuentran restos en capas auriñacienses, correspondientes a la tercera glaciación, hace 42.000 años; otros aparecen a fines del siguiente período glacial, hace 20.000 años, y los restos más abundantes se sitúan en el último período glacial (Würms V), hace aproximadamente 10.000 años, cuando se decoraron las cuevas de Altamira, Lascaux, Ekain, y muchas más. El final de la era glacial coincide con grandes inundaciones y fenómenos de lluvias torrenciales, que la Biblia llama diluvio universal. Es evidente que el hombre de Cro-Magnon persistió en hábitats no muy alejados unos de otros, y en circunstancias geológicas y meteorológicas excepcionales, durante miles y miles de años,

merced, principalmente, a su habitáculo en cavernas situadas a considerable altura en relación con las simas por donde discurrían los más caudalosos y turbulentos ríos.

El Neolítico trae consigo los cultivos sedentarios del hombre neanderthaliano, mientras en un lugar escondido del golfo de Vizcaya se perpetúa la descendencia del hombre de Cro-Magnon, ajeno a todas las mutaciones, y dispuesto a traspasar las fronteras de la prehistoria para entrar en la historia y llegar hasta nuestros días. Así lo cree el historiador vasco José Miguel de Barandiarán: «Por los restos que hemos encontrado, y por los que hemos podido comprobar, podemos afirmar que hay verdaderos indicios de que el tipo vasco que entra en la historia es el resultado de la evolución local pirenaica del hombre de Cro-Magnon, que desde hacía 40.000 años existía en el occidente de Europa».

El mismo autor señala que, 5.000 años después del último período glaciar, el hombre que habitaba en el actual País Vasco, adaptado ya al nuevo género de vida impuesto por el cambio de clima y la emigración de algunas especies animales, como la foca y el reno, poseía ya las características físicas del hombre vasco de hoy. Esta afirmación la demuestra con la comparación de los dos cráneos de Urtiaga que se conservan en el Museo San Telmo de San Sebastián, en los que puede verse la evolución del hombre de Cro-Magnon llamado por los arqueólogos «pirenaico».

Pero todavía iba a ocurrir un fenómeno de la naturaleza, en torno al año 1000 a.C., que daría explicación a las numerosas huellas iberas que se encuentran a lo largo del Mediterráneo, hacia Oriente. Los 25 años seguidos de sequía, unidos a erupciones volcánicas que hicieron arder los Pirineos (erupciones fácilmente situables en los cráteres de Girona), obligaron a las poblaciones iberas a emigrar hacia países del este de Europa, entre ellos la zona del Cáucaso, donde probablemente dejaron esos rastros del idioma que todavía hoy intrigan a los lingüistas. La Iberia caucásica, situada en Georgia [4], sería la consecuencia de la dispersión de los iberos hacia el este, a raíz de la terrible sequía del año 1025 a.C. Científicos rusos han confirmado recientemente esta teoría, llegando a la conclusión de que los iberos del Cáucaso y los iberos hispanos (cuyos más fieles representantes son hoy los vascos) tenían un tronco común.

De aquel proceso migratorio ha quedado en la Iberia asiática un largo rastro de topónimos vascos, como Askura, Surta, Sura, Otesta, Aguina, Barruta, Sedala, Nigas, etc., señalados ya por Ptolomeo. Estos topónimos confirmarían la teoría de que fueron los iberos llegados de Occidente quienes hicieron gala de su primigenio espíritu fundador y bautizaron las aldeas erigidas en el este con aquellos nombres y dejaron su lengua en aquel remoto territorio.

Transcurridos los 25 años de sequía y movimientos sísmicos, regresaron muchos de aquellos iberos a la tierra natal, mezclados con gentes de otras tribus, otras razas. Los vascos, protegidos del infierno climatológico por la humedad de su entorno, resistieron atrincherados tras las cadenas montañosas y conservaron así la pureza racial que el resto de los habitantes de Ibe-

ria habían comenzado a perder, y acabarían perdiendo con la irrupción de los celtas.

## Romanización, germanización y arabización

Más tarde, la romanización de todo el territorio español afectó sólo muy superficialmente al País Vasco. Las relaciones entre Roma y las tribus vascas fueron amigables. Romanos y vascos llegaron a establecer lazos de colaboración que explican la expansión de estos últimos hacia el este, en torno a las actuales Sos, Sangüesa y Egea de los Caballeros. Todas las tribus vascas —y no sólo los vascones— tuvieron buenas relaciones con Roma y participaron en su estructura militar, como muestran algunas lápidas del siglo I. En Brescia, entre Milán y Verona, se encontró una que cita a una *cohors cariestum et veniescum;* en los confines del Imperio, en Inglaterra, se halló otra que alude a una *cohors prima, fide vascorum, civium romanum.* De forma, pues, que había unidades militares romanas compuestas por caristios y por vascones, muy alejados de sus lugares de origen, del mismo modo que una unidad de várdulos se había incorporado a la guardia de Mario.

Los romanos sólo se instalaron en las costas, y no penetraron en la Navarra pirenaica, ni en Guipúzcoa, Vizcaya y el norte de Álava. Solamente fue intensa la romanización en las tierras

---

[4] Iberia es la región principal de Georgia oriental, dominada primero por los persas aqueménidas hasta la llegada de Alejandro Magno en el siglo III a.C. Más tarde, Iberia pasa a ser un protectorado romano. San Nino convirtió al cristianismo, en el siglo IV d.C., al príncipe Mirian, que reinaba en Iberia. Un siglo más tarde, el rey de Iberia Wajtang Gorgassali se rebeló contra la soberanía del Imperio persa sasánida. Durante su reinado fundó Tiflis, que fue en el siglo IX un emirato musulmán.

llanas de Navarra y Álava, donde ha quedado el testimonio de algunos nombres de ciudades, como Pompaelo (Pamplona), fundada por Pompeyo en el año 75 a. C., Calagurris (Calahorra), o Iruña, junto a Vitoria.

Todo cambió a partir del siglo III, con la crisis del Imperio. Tensiones sociales, pillaje y bandolerismo precedieron a la aparición de los bagaudas, bandas armadas de campesinos pobres y esclavos fugitivos que, con apoyos en territorio vasco, llegaron a enfrentarse al ejército imperial. Las autoridades imperiales perdieron el control de los pueblos del norte peninsular, y se introdujo un elemento de violencia en las relaciones entre éstos y los romanos. La presencia militar romana se incrementó, sobre todo en la vertiente norte. La antigua división tribal se desdibujó. Caristios, autrigones, y luego várdulos, desaparecieron del mapa hacia mediados del siglo V, en que los documentos hablan ya solamente de vascones. Es en la zona norte donde los vascones consiguen reagruparse y fortificarse, y resistir a los embates de la armada del decadente Imperio.

Al sur, en la zona más romanizada, fue donde los pueblos germánicos actuaron con mayor violencia, destruyendo los bastiones romanos de Pamplona e Iruña. Las relaciones de los vascos con estos pueblos contrasta con la que tuvieron durante siglos con Roma, y se caracterizó por los continuos enfrentamientos. Hasta el siglo VI no intentaron ir más al norte, pero ante las repetidas incursiones de los vascones, los visigodos formaron una línea de contención a lo largo del Ebro, y construyeron ciudades fortificadas como Vitoria, Olite, Miranda de Ebro y Logroño.

Durante el siglo VII la situación se hizo bastante inestable, pues a la presión de los visigodos por el sur se sumaba la presión de los francos por el norte. Los vascos pasaron de un período de independencia a otro de dominio de los francos, que constituyeron el Ducado de Vasconia, para ceder después a la creciente influencia visigoda. Ninguna autoridad fuerte lograba imponerse, y el país estaba a merced de pequeños caudillos o de los bandidos que a lo largo de siglos imponían su ley en pequeñas zonas montañosas.

La introducción del cristianismo fue muy lenta. Durante muchos siglos convivieron cristianismo y paganismo. En el siglo IX las monarquías de Pamplona y Asturias iniciaron una política misional, y crearon monasterios y diócesis. La cristianización se consumó en el siglo XI, con la proliferación de pequeños monasterios en Vizcaya y Guipúzcoa.

La invasión musulmana —los árabes sólo ocuparon una parte de Navarra, durante poco tiempo—, los ataques del rey franco Carlomagno por el norte —derrotado en Roncesvalles en 778— y las incursiones de los navíos vikingos obligaron, a lo largo de la Edad Media, a la concentración de poder en manos de algunos señores, que a cambio de proteger con las armas a los campesinos, percibían de éstos las rentas de las tierras que cultivaban. Los señores adquirieron derechos otorgados por los reyes, como la administración de la justicia, la recaudación de tributos o la exigencia de prestaciones militares para la Corona de Navarra o la de Castilla.

## La Edad Media

En Navarra se organizaron, para resolver problemas que afectaban a un pueblo o a un conjunto de pueblos, los concilios (llamados en vasco *batzar*), que son quizá el origen de las Juntas, que tanta importancia tendrían en los siglos siguientes. Las primeras Juntas las convocaron los nobles, para resolver sus disputas o para defender sus intereses, o ambas cosas a la vez. También fue Navarra precursora de la proclamación de hidalguía universal para los vascos, pues ya hacia el año mil a los habitantes de los pueblos establecidos en los valles del Roncal y del Baztán se les reconocía el derecho de infanzonía.

La alianza entre las villas y la Corona trajo consigo un declive importante del poder de los señores, a la vez que los habitantes de las villas recibían, como recompensa, el otorgamiento de fueros, en especial en la zona fronteriza de Álava y Navarra. Durante los siglos XIV y XV, muchos nobles que habían perdido sus tierras se dedicaron al bandidaje: el más famoso fue Pedro de Abendaño, que, rodeado de sus hijos, se dedicaba a robar a los mercaderes que hacían el camino de Burgos al mar Cantábrico. Para luchar contra estos actos de bandidaje, creó la Corona de Castilla, en tiempos de Enrique IV, las hermandades, grupos de hombres armados que actuaban en las villas con la autorización real, que aprobaba sus estatutos.

## Los Fueros

Los tres problemas históricos que sigue planteando el País Vasco, y cuyo desentrañamiento ha hecho correr ríos de tinta de los historiadores de todas las épocas, se pueden resumir así:

1. ¿Ha formado el País Vasco una nacionalidad independiente del resto de la península en alguna época suficientemente dilatada de la historia?

2. Las leyes por las que se regían, ¿nacían de su propia voluntad o venían impuestas desde fuera?

3. ¿Era decidida libérrimamente la relación política y administrativa establecida durante siglos con la monarquía castellana?

Podría contestarse con un no rotundo a la primera pregunta, con un sí no menos rotundo a la segunda, y con un dubitativo «en algunos aspectos, sí; en otros, no», a la tercera.

Pero empecemos por una institución que ha marcado a fuego el devenir histórico vasco, mucho más que la existencia o no de un poder independiente: los Fueros.

Alfonso X el Sabio definió, a mediados del siglo XIII, el fuero como «algo en lo que se combinan dos cosas, la práctica y la costumbre. Ambas tienen que entrar a formar parte en el fuero para que éste resulte compulsivo. Cuando se hace referencia a los fueros en los documentos oficiales, casi siempre se utiliza la frase: fueros, buenos usos y costumbres».

Los Fueros eran conjuntos de leyes y costumbres locales, unidas a inmunidades económicas y políticas especiales respaldadas por los reyes de Castilla a cambio de lealtad política a la monarquía. Alcanzaron su auge entre los siglos XIII y XIX, en que fueron revocados por el gobierno central. Los Fueros englobaban todos los aspectos de la vida vasca, desde el matrimonio, la dote y la herencia, hasta la forma de participar en la política colectiva, en los nombramientos, en las exacciones fiscales.

La mayor parte de los Fueros —en particular los de tipo económico— se concedieron en los siglos XIV y XV. El País Vasco formaba la frontera norte de España, una frontera difícilmente defendible frente a los ataques franceses. Podría haberse establecido allí un ejército regular, compuesto de una serie de guarniciones a lo largo de la frontera, pero esto resultaba carísimo y, además, existían complicaciones múltiples para el abastecimiento de esas guarniciones, por tratarse de una zona poco poblada. En consecuencia, la monarquía castellana adoptó una solución ingeniosa y barata, que consistía en otorgar tierras y privilegios fiscales a cambio de que los campesinos defendieran por las armas su propio territorio. Esta solución fue el precedente de las «implantaciones de colonos» en las regiones fronterizas de Europa central, quienes, a cambio de recibir gratuitamente las tierras, se comprometían a defenderlas de las invasiones procedentes del este. Así se instalaron en las zonas boscosas periféricas de Bohemia y Moravia los colonos alemanes, que explotaron las tierras y las minas de los Sudetes; o los bielorrusos, ucranianos y rutenos, que poblaron los «confines» de Polonia en los años veinte de este siglo; o los croatas y serbios, que la monarquía austríaca situó en el siglo XVIII en los «confines militares» del Imperio otomano, colonos armados que recibían tierras a cambio de un servicio militar activo de una cada tres semanas.

Las prerrogativas que concedía la Corona de Castilla tenían también el objetivo de estimular el crecimiento de la población, lo que tendía a evitar la existencia de extensas zonas inhabitadas por las que podía entrar impunemente el invasor. Los habitantes de aquella zona fronteriza estaban exentos de cualquier impuesto estatal.

Sin embargo, el establecimiento de estas ventajas no resolvió el problema de los ataques franceses. Algunas familias poderosas se enzarzaron en luchas entre ellas, o contra bandas armadas, y se vieron forzadas, para conservar el control de las tierras, a aliarse con los franceses. Esta situación originó desórdenes sociales y el consiguiente empobrecimiento del campesinado. Nuevos fueros otorgados por los reyes de Castilla intentaron poner fin a esta situación. Estos nuevos Fueros concedían privilegios a los campesinos y castigaban con penas más duras a los jefes militares que protegían a los bandidos.

La división entre villas y aldeas (tierra llana) se acentuó. Las villas dependían directamente de la jurisdicción real; algunas, por su situación estratégica, recibieron de los reyes cédulas de emancipación (cartas pueblas) que incluían generosas concesiones económicas. Las zonas rurales dependían de las Juntas generales, y estaban más sometidas al poder de las grandes familias.

El régimen foral vasco se basó en estos tres pilares: el pase foral, la Junta general y el corregidor.

El pase foral, concedido a las provincias vascas por la Corona de Castilla en el siglo XV, consistía en que no se podía aplicar cualquier ley, decreto o decisión judicial sin la aprobación previa de las autoridades forales provinciales. Era un mecanismo que pretendía garantizar que las órdenes reales se ajustaban al fuero. Si los órganos locales consideraban que una orden no respetaba la foralidad, la devolvían mediante la fórmula «se obedece pero no se cumple». Esto representaba un sólido muro de contención a las imposiciones centralistas, pero su solidez se resquebrajaba con las atribuciones que, como veremos más adelante, poseía el corregidor.

Las Juntas provinciales se apoyaban en los consejos municipales o asambleas locales, de donde se extraía, por elección, a sus miembros. El sistema era democrático sólo en apariencia, pues, como se ha dicho, los elegibles eran miembros de la nobleza y el clero, o terratenientes relativamente grandes. La participación popular, sin embargo, fue siempre mucho más importante que en el resto de España, sobre todo a partir del siglo XVI, cuando se extendió a todos los vascos el *status* de hidalguía, y en consecuencia, todos, hasta los más humildes artesanos, pudieron elegir y ser elegidos. Las Juntas provinciales decidían sobre todas las cuestiones políticas, jurídicas (con excepción de las de tipo penal), administrativas y económicas que afectaban a los ciudadanos, a las familias y a las entidades de la respectiva provincia.

El corregidor era el agente del Rey en el País Vasco. El nombramiento del primer corregidor se debió a la solicitud del pueblo de Guipúzcoa y Vizcaya, que no veían forma de parar las luchas en que se habían enzarzado los distintos linajes o «parientes mayores». Entre sus funciones destacaba la de presidir las Juntas, para evitar que se tomaran acuerdos contrarios a los intereses de la corona. Cualquier modificación de los fueros requería su aprobación. Ejercía, además, funciones judiciales y administrativas, estas últimas referidas a asuntos fiscales.

El régimen foral otorgaba a los vascos unas garantías a la vez de protección y de libertad. Estaban exentos del servicio obligatorio en el ejército del rey, y no cabía aplicar contra ellos la tortura, ni someterlos a detención arbitraria. Cada nuevo rey de Castilla, que era a la vez señor de Vizcaya, estaba obligado a confirmar y jurar fidelidad a los fueros bajo el roble de Gernika.

En el ámbito fiscal las ventajas eran muy grandes, y contribuyeron poderosamente al desarrollo de una burguesía de las villas y a fortalecer las vecindades rurales. Las dos principales eran la exención de las contribuciones impuestas por el Estado, y la exención de los derechos de aduana española. La corona española no tenía derecho a recaudar impuestos o imponer tributos de cualquier tipo en el País Vasco: este cometido era de exclusiva competencia de las Juntas provinciales. Por lo que respecta a las aduanas internas, las mercancías y comestibles podían importarse y exportarse libremente. Era lo que hoy llamamos una «zona franca». Los vascos no pagaban impuesto alguno por recibir mercancías a través de sus fronteras naturales en territorio español (las de Castilla y Navarra), ni tampoco al exportarlas a través de esas fronteras (otra cosa es que el «importador» castellano o navarro sí tuviera que pagar al introducir y comercializar esas mercancías en su territorio).

El régimen foral aportó grandes ventajas a la economía rural vasca y contribuyó al florecimiento de las pequeñas villas, dominadas por una familia. Pero, como señalan algunos historiadores modernos, también acentuó el aislamiento e impidió el desarrollo de las grandes urbes.

Los Fueros, como régimen jurídico de derecho público, desaparecieron poco a poco, al perder su razón de ser (no así el derecho privado foral, que continúa vigente y hasta pujante en varias zonas del País Vasco). Con la llegada del progreso, ya nadie reivindicaba el paternalismo secular y las instituciones del viejo régimen agrario, con lo que pasaron a convertirse en algo venerable que sólo servía ya para llamar «plaza de los Fueros» o «calle de los Fueros» a un importante enclave de cada villa o ciudad.

Su tinte democrático no era, como hemos visto, sino una falsedad. Pues la verdadera democracia la trajeron las Constituciones del siglo XIX, al extender los derechos a todos, y acabar con las restricciones (limpieza de sangre, hidalguía probada, fortuna personal) que dejaban fuera del juego participativo a la gran mayoría, y reducían a un porcentaje mínimo del censo el derecho de vecindad y de sufragio.

La Ley de 21 de julio de 1876, llevada adelante por Cánovas del Castillo, no hizo sino confirmar en el plano jurídico lo que ya era una realidad de hecho. Algunos vascos consideraron aquella Ley como un gran drama, pero no trataba tanto de suprimir los Fueros como de incrementar la intervención y el poder político-administrativo de los vascos. En adelante tendrían que hacer el servicio militar y pagar los impuestos en igualdad de condiciones con los demás españoles. Un concierto económico regulado por decreto en febrero de 1878 establecía el régimen de tributación para las tres provincias vascas, en la línea de la llamada Ley paccionada de 1841, que había establecido un nuevo régimen jurídico, económico y administrativo entre Navarra y el Estado.

Puede decirse que sólo con la abolición de los Fueros, en 1876, se dio paso a un País Vasco moderno, industrializado, urbano, que estaba hasta entonces maniatado por la posición privilegiada de los señores rurales, por las trabas a la exportación de mineral de hierro de las Juntas provinciales y por la excesiva afluencia de productos del exterior, al no existir impuestos a la importación, que competían ventajosamente con la producción local.

## Las guerras carlistas

A la muerte de Fernando VII, que en vida se había caracterizado por alentar los enfrentamientos entre absolutistas y liberales, los nubarrones de una larvada guerra civil ensombrecieron el suelo español. Si del Cid se dijo que había ganado una batalla después de muerto, de Fernando VII podría decirse que después de muerto sembró el país de odio, sangre y derrota. Absolutistas y liberales aprovecharon el problema de la sucesión dinástica para alimentar de nuevo enconos y fundamentalismos ideológicos. La sombra titubeante del rey, que cambió su testamento en favor de su hija Isabel, y en perjuicio de su hermano Carlos, radicalizó hasta tal punto las posturas que pronto se alzaron en armas quienes hasta entonces habían sostenido que sólo con la razón se defienden las ideas.

Los liberales tomaron partido por doña Isabel, y los tradicionalistas por don Carlos. Para los liberales, los carlistas eran fanáticos retrógrados, movidos por un clero no menos fanático ni menos retrógrado, que acosaba con tópicos y miedos ancestrales al inculto campesino. Para los carlistas (y así lo expresaban los predicadores en los púlpitos), los liberales eran ateos y anticlericales, que sólo querían destruir los valores fundamentales de la sociedad: la familia, la religión, la propiedad y el poder de la realeza, resumidos en el famoso lema «Dios-Patria-Rey».

La primera guerra carlista tuvo varios focos en Cataluña, Aragón y Valencia, pero su escenario fundamental fue el País Vasco, donde los vascos se enfrentaron, no solamente contra el poder central, sino unos contra otros, tanto en nombre de las ideas como en el de la condición social. A estos factores de enfrentamiento se unió la cuestión foral. Los fueristas obligaron al titubeante don Carlos a jurar los Fueros, tras la proclamación en 1835 por la Junta de Estella de la sagrada identificación de don Carlos y los Fueros. La situación se radicalizó aún más con las leyes desamortizadoras de Mendizábal, dictadas en 1836 y 1837, que fueron consideradas por muchos vascos como un ataque contra sus tradiciones y contra el prestigio de la Iglesia. La pérdida de sus propiedades no hizo sino incrementar el número y fervor de los frailes y curas rurales en pro de la causa carlista y en contra de las iniciativas liberales.

Los privilegios forales habían sido abolidos en la práctica por el Estatuto real de 1834, dictado por la Reina regente, que fijaba un sistema constitucional igual para todo el territorio español, sin excepción alguna. Las reacciones en el País Vasco habían mostrado, una vez más, la profunda sima existente entre, por un lado, las clases medias y la burguesía de las ciudades, y, por otro, los señores con mentalidad feudal de los medios rurales, junto con el clero y el campesinado. El Ayuntamiento de San Sebastián y el de Bilbao (sitiada esta ciudad por Zumalacárregui) acogieron con satisfacción el Estatuto isabelino, así como la nueva Constitución de 1837, más progresista que aquél, cuyo corolario fue el decreto que suprimía las Diputaciones forales de las provincias vascas.

A todo esto, murió Zumalacárregui a consecuencia de las heridas sufridas en el sitio de Bilbao, y se alzaron voces, como la de Muñagorri, que pedían una paz honrosa, que respetase los Fueros. Esta forma de compaginar liberalismo y Fueros fue llamada Fuerismo liberal. Poco a poco se impusieron las posturas moderadas. El convenio de Vergara del 31 de agosto de 1839 puso fin a la guerra, con el abrazo sellado por Espartero en nombre de los liberales, y Maroto en nombre de los carlistas. Unos meses más tarde las Cortes ratificaron los Fueros de las provincias vascas, con el matiz de que se modificaran para adaptarlos a la Constitución del 37. Esta salvedad final dio origen, en 1840 y 1841, a diversas medidas que redujeron considerablemente las peculiaridades forales y el poder de las Juntas: las guipuzcoanas, sin ir más lejos, fueron disueltas en noviembre de 1840.

En 1844 se restablecieron de nuevo las Juntas generales y las Diputaciones forales, aunque se mantuvieron las aduanas costeras, dependientes del poder central, que habían sido instituidas por Espartero.

La segunda guerra carlista se produjo tras el destronamiento de Isabel II en 1868 y la proclamación de la Primera República. Álava, Guipúzcoa y Navarra se unieron a la República; no así Vizcaya, donde se mantuvieron las autoridades forales anteriores.

Las elecciones democráticas (por sufragio universal de los varones mayores de edad) dieron la oportunidad a los vascos para confirmar, de una vez por todas, su mentalidad acendradamente conservadora y religiosa. Las candidaturas católico-carlistas triunfaron de un modo aplastante, y obtuvieron quince diputados de los diecisiete posibles. Ya no era el trinomio «Dios-Patria-Rey» el que triunfaba, sino el binomio «Dios-Fueros». Por el momento no había rey, y la idea de patria se había diluido. Lo único que permanecía era Dios.

El pueblo vasco, que se había sentido humillado, vio su oportunidad de revancha cuando su cesivos enfrentamientos entre el clero y la autoridad civil coincidieron con la disolución de las Cortes constituyentes y el fugaz reinado de Amadeo de Saboya. Sólo faltaba la chispa que encendiera la mecha, y esa chispa llevaba un nombre: Carlos VII, el pretendiente jaleado por un aluvión de publicaciones más o menos panfletarias que le presentaban como la solución al vacío constitucional y la encarnación de los valores tantas veces menospreciados y los privilegios una y otra vez convertidos en papel mojado. Además el binomio volvía a ser trinomio, pues reaparecía, junto a Dios y junto a los Fueros, la palabra Rey.

En abril de 1872 se alza Carlos VII, que sufre una primera derrota ante el bien preparado ejército del general Serrano. El pretendiente organiza entonces partidas de guerrilleros y establece la capital en Estella. Poco a poco se organiza un ejército regular que logra dominar en las cuatro provincias, a excepción de las capitales. La victoria en Montejurra da nuevos ánimos al ejército carlista, pero una vez más es el fracaso en el empeño de tomar la villa de Bilbao lo que da un vuelco a la situación. Restablecida la monarquía en la persona de Alfonso XII, hijo de Isabel II, el carlismo empieza a perder apoyos, mientras el ejército liberal pone en juego todos los medios de que dispone para ganar la guerra. Don Carlos abandonó el territorio navarro camino de Francia en los albores del año 1876. Aquel mismo año se proclamaría una nueva Constitución, que estaría vigente hasta 1931.

# II
# LA ETNIA VASCA

Aunque la identidad del pueblo vasco en los actuales límites territoriales sólo puede certificarse históricamente desde tiempos de Sancho III el Mayor de Navarra (en torno al año 1000), la «protohistoria» del País Vasco, como ya hemos dicho, es muy larga en el tiempo, tanto que sus comienzos se pierden en la nebulosa del Paleolítico.

Por razones que nos son desconocidas, los vascos mantienen una pureza de raza que no ha conseguido ningún otro pueblo de Europa. Y decimos que se desconocen las razones, pues el relativo aislamiento del País Vasco no lo justifica: no está separado de otros pueblos por montañas inaccesibles, ni océanos, ríos caudalosos o selvas vírgenes, y posee, en cambio, un acceso fácil por la costa del golfo de Vizcaya (donde los Pirineos se dulcifican al adentrarse en el mar) o por numerosos parajes en el interior de la península. Incluso el Camino de Santiago pasaba por allí, con un recorrido por la costa que iba de Irún a Bilbao, y otro por el interior, de Irún a Vitoria, y las rutas de Castilla hacia el mar se salpican de pueblos con nombres castellanos, como Villafranca o Salvatierra.

Es verdad que la raza no ha permanecido inalterable a lo largo de miles de años salvo en muy pequeños reductos, con tendencia a desaparecer en nuestros días. Durante miles de años hubo claros movimientos migratorios por las cuevas del territorio, y en algunas de ellas, concretamente en Álava, se ha comprobado que más de la mitad de los esqueletos allí encontrados pertenecen a individuos de raza mediterránea.

¿Existe un sustrato antropológico vasco, procedente de los pueblos que se resguardaron en las zonas más abruptas, que se haya mantenido tan incontaminado como los elementos básicos del euskera? El sociólogo Amando de Miguel declaraba en junio de 1995: «A la sociedad voluntarista en la que estamos, lo genético le aterra, porque no lo domina: ¿por qué nos solivianta tanto reconocer que lo vasco es algo racial?». Tengamos, pues, este mismo espíritu de investigador abierto a la hora de escribir sobre este tema.

## El grupo sanguíneo

Recientemente se ha vuelto a esgrimir el argumento de la preponderancia de algunos grupos sanguíneos, y en especial del Rh (factor Rhesus) negativo. Declaraciones de Xabier Arzalluz, presidente del Partido Nacionalista Vasco, a finales de enero de 1993, apoyándose en la especificidad sanguínea para separar a «los de aquí» (*hemengoak*) de «los de fuera» (*kampokoak*)

—es decir, el resto de los españoles—, levantaron una polémica de grandes proporciones entre políticos de otros grupos, periodistas, y el mismo Arzalluz, que volvió a terciar en el tema los primeros días de febrero. «Ha venido mucha gente de fuera», dijo. «No creo que nos hayamos portado mal con ellos. Pero al ver las cosas que estamos viendo, parece a veces que los de fuera quieren ser los dueños de este pueblo. Y una cosa es todo eso de la limpieza étnica e historias parecidas, y estamos en contra de todo eso (no creo que los vascos hayamos sido nunca así), y otra que los de fuera, con el voto de fuera, sean los dueños de la casa. Y perdamos todo nuestro ser y nuestra esencia porque a algunos no les interesa en absoluto. Y menos aún si las cosas van así por medio de la colaboración de algunos de aquí».

Esas palabras hicieron decir a otro político vasco, Juan María Bandrés, que «Maquiavelo era un niño de coro comparado con el presidente del PNV». Arzalluz se mostró cáustico y contundente con el tema de las pruebas sanguíneas: «Primero anduvieron los antropólogos con su craneometría». (Se refiere a los estudios de Barandiarán sobre datos antropológicos tanto de estatura como de formación craneal: «El vasco típico es un mesocéfalo de nariz prominente y de rostro que, mirado de frente, es triangular, por el abultamiento de las sienes y el estrechamiento de la cara hacia el mentón».) «Luego vinieron los hematólogos con el Rh de la sangre: siempre encontraban alguna especificidad entre los vascos. Ahora vienen los biólogos con el monogenismo y el neo-

monogenismo. Esto es: que esta sociedad de la que formamos parte viene de una única pareja. Los biólogos andan con eso de que la sangre de los primeros que vinieron a Europa hace 15.000 años sólo se encuentra en los vascos».

Esta cuestión de las diferencias sanguíneas no es de hoy, sino que viene de bastante atrás. El estudio más interesante apareció en 1952 en Buenos Aires, y con posterioridad ha habido trabajos con muestreos en todas las provincias vascas, tanto españolas como francesas [1].

El resultado que arrojan los muestreos confirma la abundancia del grupo O entre los vascos, superior a la media europea y española (aproximadamente un 50 % de los vascos pertenecen a ese grupo sanguíneo, mientras que ese porcentaje es de un 20 % en Burdeos, un 19 % en Montpelier, un 20 % en la zona italiana de los Alpes, y de un 38 % como media en el conjunto de España). Por el contrario, el grupo A, que es el más abundante en España (un 47 %), alcanza apenas el 40 % en la Vasconia española, y en algunas zonas no pasa del 32 %. El grupo B tiene un porcentaje bajísimo en el País Vasco, un 1,1 %, frente al 11,1 % del conjunto de los franceses, y el 8,9 % del conjunto de los españoles. La incidencia de la falta del antígeno D del factor Rh es todavía más concluyente: en torno a un 30 % de media en el País Vasco, cuando la media de Europa occidental es del 15 %. Conviene, sin embargo, hacer cuatro precisiones:

— La primera, que las diferencias entre las cuatro provincias vascas (Navarra incluida)

---

[1] El investigador francés Pierre Jauréguiberry ha trabajado sobre este tema desde 1947, año en que publicó su primer trabajo, en fecha coincidente con aquella en que José Miguel de Barandiarán publicó el suyo en España.

son considerables. Lo que podríamos llamar el tipo vasco puro, desde el punto de vista sanguíneo, está muy arraigado en Guipúzcoa, y mucho menos en Navarra.

— La segunda, que las estadísticas de la época de la República (por ejemplo, datos de 1934 analizados por Hoyos Sainz), al ser comparadas con otras más recientes, muestran que las oleadas inmigratorias han modificado sustancialmente los resultados. Así, las investigaciones de Goti Iturriaga en los años sesenta reflejan una disminución del porcentaje del grupo O y del Rh negativo, aunque éste sigue siendo el más alto de Europa occidental. Lo que queremos decir con esta observación es que no se pueden basar los argumentos antropológicos de hoy en muestreos de hace 50 años, pues la sociedad de la que se está hablando no es la misma.

— La tercera, que las investigaciones se han orientado a veces a zonas muy concretas de cada provincia, en las que se sabía de antemano que había una concentración de familias arraigadas allí desde muchos siglos atrás, y así se da el caso de que en 1950 la Academia de Medicina de Francia publicó un trabajo según el cual en la zona bajonavarra se daba un porcentaje del 42 % de Rh negativo, el más alto del mundo.

— Y la cuarta, que otros pueblos aislados arrojan resultados que superan con mucho la media de sus respectivos Estados: así, los galeses con un 53 % de grupo sanguíneo O, los frisones con el 51 %, o los corsos y sardos con el 56 %.

En cualquier caso, habría que decir que plantear una cuestión de soberanía a partir de unas características antropométricas es distorsionar la realidad. Pues entre los muchos pueblos españoles hay diferencias raciales todavía más considerables, a veces en regiones enteras (como es el caso de la herencia celta en Galicia) y otras en reducidos grupos de población (como los que perduran aún en las antiguas explotaciones romanas del oro del Sil, en los descendientes de los esclavos germánicos que eran obligados a trabajar allí hace 2.000 años, o en el misterio que rodea la procedencia de los maragatos, o en las diversas implantaciones de granjeros en diferentes zonas andaluzas).

La especificidad de la que habla Arzalluz es algo que no le pertenece en exclusiva, y que podrían enarbolar, como hemos dicho más arriba, otros muchos pueblos, sin que ello les llevara a solicitar un puesto soberano en el concierto de las naciones europeas. El mismo vicepresidente del Gobierno vasco reaccionó frente a las afirmaciones de Arzalluz diciendo que «las apelaciones a los estudios de sangre para explicar nuestra identidad revelan conceptos y sentimientos del más rancio y nostálgico aranismo, que enfrentan y dividen a esta sociedad». Una vez más, el fantasma de Sabino Arana había filtrado su sinuoso racismo en la ideología del Partido Nacionalista, a cuatro pasos del siglo XXI. Con un afilado sentido del humor, el escritor vasco Patxo Unzueta reprodujo en un artículo un fragmento del libro de Sabino Arana *El primer amigo del niño*, publicado en 1897, hace casi un siglo. El fragmento dice así:

«—¿Son vascos todos los que hablan el euskera?

—No todos; hay quienes hablan el euskera y no son vascos.

—¿Y cómo es eso?

—Algunas familias exóticas, penetrando en nuestro pueblo, han aprendido el euskera, y sus hijos son euskaldunes, o sea, hablan el euskera, no obstante no tener en sus venas una gota de sangre vasca.

—¿Y cómo? ¿Todas las familias de Euskadi no son vascas?

—No: hay muchas que viven en Euskadi, pero que no son vascas, porque no son de la raza de Euskadi.

—¿En qué se conoce la raza de una familia?

—En sus apellidos.»

## La raza vasca

Según la clasificación de Boyd, existen en el mundo seis razas:

1. Los vascos.
2. Los europeos o caucasoides.
3. Los africanos o negroides.
4. Los asiáticos o mongoloides.
5. Los indios americanos.
6. Los australoides.

La calificación de raza se atribuye a una colectividad humana natural con caracteres somáticos y predisposiciones psíquicas transmitidas por herencia individual y colectiva de padres a hijos.

Fernando Erro ha reunido los estudios sobre la raza vasca elaborados por una docena de autores, entre ellos los que hemos citado anteriormente, y algunos otros: Blumberg, Vallois, Mourant, etc., y ha llegado, entre otras, a las siguientes conclusiones:

1.ª La raza vasca coincide con el grupo humano que históricamente habla vascuence, lo que confirma el aserto de Lahovary de que «la constitución biosanguínea de los vascos es tan particular como la de su lengua».

2.ª Se caracteriza y distingue de las del resto de Europa por la alta frecuencia del grupo sanguíneo O y del factor Rh negativo, así como por la más baja del grupo B (aunque, como hemos indicado más arriba, esta afirmación tajante de la alta frecuencia del grupo O es, precisamente en Europa, más que discutible).

3.ª La baja proporción de grupo B y la alta en Rh negativo pone en evidencia la individualidad racial de los vascos no sólo en Europa, sino en el mundo, como puso en evidencia el doctor Jauréguiberry (estudios realizados, no lo olvidemos, en 1947).

4.ª La raza vasca puede considerarse de tipo más bien nórdico y, desde luego, la más occidental de entre las razas blancas. La población blanca europea limita en las zonas de transición con las razas amarillas por el este y con las razas de piel oscura por el sur. El centro de este núcleo blanco europeo está en el golfo de Vizcaya: es el núcleo focal de la raza vasca. Los vascos ya no limitan bruscamente con otras razas humanas porque las sucesivas invasiones y migraciones esteoeste han ido formando una gama. El núcleo vasco es el más occidental, y hay una zona escalonada hacia el este que lleva a los Urales, y otra, hacia el sur, que conduce a África central.

5.ª La alta frecuencia de Rh negativo y del grupo O, y la gradual disminución, a medida que nos alejamos de la Euskalerría actual, confirma que los vascos prehistóricos se asentaron en el mismo lugar del occidente europeo.

6.ª La actual población europea sería el resultado de un mestizaje desigual de los primitivos vascos e inmigraciones de pueblos asiáticos, que introdujeron los elementos sanguíneos B y D, y el factor Duffy (Rya). (Esta afirmación resulta muy original, pero poco verosímil, pues no tiene en cuenta los aflujos mediterráneos y del norte de África.)

7.ª Los cráneos de rasgo vasco encontrados en Itziar entroncan con el hombre de Cro-Magnon, que evoluciona localmente.

8.ª La raza vasca se formó como tal raza en Europa durante el Paleolítico superior, pero fue mestizada en parte por los pueblos del este que se instalaron en Aquitania. Su posición dentro de la comunidad blanca le daría el carácter de raza troncal de donde, por separaciones, podrían haberse originado las distintas ramas de aquélla.

Esta última afirmación vuelve a caer en una curiosa desmemoria: la de que los vascos proceden, lo mismo que el euskera, de la nada. No tienen antepasados, pues los antepasados son ellos mismos. No tienen historia, pues ellos son la historia. Da igual que el euskera sea anterior o posterior a la confusión de lenguas de la Torre de Babel. Da igual que los vascos estuvieran ahí, en su rincón, agazapados, antes de que el continente europeo existiese y fuese poblado. El caso es creer en una mitología. Es una cuestión de fe.

Las modernas corrientes lingüísticas y antropológicas rechazan por inútil, inconsistente e inadecuado, cualquier planteamiento más o menos fantasmagórico del origen de la lengua y de la raza vascas. Consideran que las discusiones que de ello se derivan conducen a tan deletéreos laberintos como desentrañar el misterio de la Santísima Trinidad. Argumentan que lo único decisivo es contar con lo que hay: una lengua, un pueblo con unas características definidas, con una mentalidad y con una historia. Lo que importa es catapultarse hacia el futuro y no escarbar en las inacabables raíces profundas de unos orígenes ya momificados, y tan distantes de nuestra realidad como un fósil laminado en una roca.

# III
# LENGUA Y CULTURA

## El euskera

El abad Diharce de Bidassouet afirma que el euskera era la lengua original del Paraíso terrenal y, en consecuencia, la única que se hablaba antes de la «confusión de lenguas» ocurrida tras la construcción de la Torre de Babel. Apoya su teoría en la etimología de algunas palabras vascas, entre ellas *Guipúzcoa*, segmentable en *guiz-puzhko-ak*, que se traduciría por «nosotros, cuya lengua fue interrumpida». Larramendi no había querido ir tan lejos y, más modestamente, sostuvo que el euskera es una de las setenta y cinco lenguas que surgieron después de la Torre de Babel.

Menéndez Pidal ironiza sobre la idolatría que se ha producido en torno a la lengua vasca. «El vascuence ha compartido con la lengua santa un triste privilegio: todo el que quería decir los mayores disparates lingüísticos se encaramaba en el vasco o en el hebreo, para gritar su desatino desde más alto. Los vascos llevaban por derecho propio la palma en considerar su idioma como la lengua primitiva, revelada por Dios al primer hombre, y en servirse de ella para romper

el misterio siete veces sellado de los proféticos enigmas del Apocalipsis». Y después cita a los eruditos megalómanos, «capaces de alimentar su cabeza con logogrifos etimológicos, en que el vasco resulta la lengua primitiva de la cual todos los demás idiomas no son sino la corrupción». Luego, ya más en serio, se inclina ante los auténticos lingüistas vascos, «que se aplican a estudiar seria y elevadamente su propia gramática, su léxico, su literatura y su historia, hallando en ellas un interés capital, sin necesidad de querer hacer servir el vascuence para sorprender las conversaciones de Adán y Eva en el Paraíso, ni tampoco para anunciar el juicio final. El buen sentido vasco ha renunciado para siempre a la erudición quimérica y anárquica de los períodos precientíficos, y entra de lleno en el terreno del método, en el que vive y se mueve la parte superior de la humanidad que ha elevado su pensamiento a la disciplina organizada de las ciencias»[1].

¿Y qué piensa Menéndez Pidal de la lengua vasca? Para él, un idioma expresa las corrientes de civilización que afluyeron en el pueblo que lo habla, «porque un pueblo, por muy reducida y li-

---

[1] Ramón Menéndez Pidal: «Introducción al estudio de la lingüística vasca», conferencia pronunciada en Bilbao, en la Sociedad de Estudios Vascos, que la publicó en 1921.

mitada vida que haya llevado, no vivió hablando sólo entre sí, sino que se ha comunicado con otros, al menos con sus próximos vecinos, y el trato de dos pueblos impone siempre intercambio de ideas, y, por lo tanto, de idiomas». No cree, pues, en la impenetrabilidad de la lengua vasca, ni en su unicidad pétrea a lo largo de milenios. Y así, igual que reconoce en el castellano voces de origen latino, vasco, portugués, catalán, griego, celta, germánico, árabe, francés, italiano, inglés, alemán, holandés, quechua, araucano, tagalo, y un largo etcétera, en el vasco reconoce los elementos procedentes del celta, el latín, el castellano (y el árabe a través de éste), el aragonés, el gascón y el francés.

Una confirmación curiosa de la mezcla lingüística la cuenta Baroja al hacer la etimología de su apellido, que dice proceder del céltico *Bar*, monte, y del vasco *Otza*, frío. Monte frío. Es en verdad un acierto, pues él mostraba su frialdad cuando escribía ceñidamente y sin florituras, y nadie pondría en duda que su mente y su horizonte vital forman una montaña hirsuta en la cultura española [2].

El elemento primitivo, nuclear, es el ibero. Las indagaciones de Humboldt respecto a las derivaciones de los nombres de lugar le llevan a inclinarse por la teoría de la procedencia ibérica de la lengua vasca. Es abrumador el despliegue de etimologías de los nombres, a pesar de reconocer en las primeras páginas de su obra que los nombres de lugar nos han llegado desfigurados porque a los geógrafos e historiadores les abrumaba la dificultad fonética de pronunciar los nombres bárbaros.

Pero ¿de dónde procede el ibero? Menéndez Pidal no sigue a Humboldt, para quien el ibero es autóctono, sino a Obermaier, para quien la población paleolítica y neolítica viene a España desde el norte de África. Y habla de una población que se mantiene a lo largo de 10.000 años, y deja tras de sí un legado artesanal y artístico en medio de un mundo plagado de bisontes, mamuts y elefantes. En los dólmenes de la edad de cobre se hablaba el vasco y seguramente en las cavernas cuaternarias. Las semejanzas entre el vasco y algunas lenguas africanas, señaladas por Gabelentz y por Schuchardt, convencen a Menéndez Pidal de que en África está el remoto origen de la población española. (Un argumento lingüístico: en vasco, todo instrumento cortante —un cuchillo, una azada, un hacha, etc.— deriva de la voz *aitz*, piedra, lo que confirma la inmutabilidad de una lengua que en la memoria del neolítico estampó el código semántico de que un objeto cortante y una piedra venían a ser lo mismo).

En contra, pues, de la teoría sustentada por Humboldt, que ha rastreado por toda Europa nombres ibero-vascos, el sabio autor de los *Orígenes del español* sostiene que ni siquiera los várdulos y los caristios hablaban la misma lengua de los vascones, y que en el siglo XII los euskaldunes eran de tez más clara que

---

[2]   Por lo que a mi apellido asturiano respecta, Uría, no es, como se creería, asturiano, sino vasco. Humboldt cita a Plinio, quien encuentra el lugar Uria en Apulia, y la ciudad Urium de los túrdulos, que dice derivarse de *ura*, agua —así, el río Urium—, como otros topónimos de la antigüedad mediterránea: Urba, Urbinum, Urce, Urgo, Urgao, Urso, etc. Asturias viene de *asta*, peña (en vasco *acha* o *aitza*), y *ura*, agua, es decir, agua de peña. La palabra vasca *uria* o *euria* se refiere a la lluvia, relacionada también con el agua.

los navarros. Luego analiza las abundantes aportaciones del latín al vasco. «A este propósito —dice— hay que observar cuán a menudo se advierte en los lexicógrafos vascos cierto sentimiento de pesar al ver su lengua llena de términos exóticos. Pero hay que pensar que cuando se planteó para los pueblos de España la necesidad de asociarse a la vida superior romana, todos se adhirieron a ella plenamente, olvidando su lengua primitiva, por muy culta que ésta fuese..., y si los vascones conservaron enérgicamente su indómita personalidad aborigen, esto pudo hacerse tan sólo a costa de tomar a manos llenas el latinismo, porque el no hacerlo les hubiera costado algo mucho más precioso e importante que la falsa pureza idiomática, les hubiera costado el quedar en la barbarie».

Estas palabras, escritas hace cerca de 80 años, por duras que puedan parecer a nuestros oídos, contienen en cierta medida el secreto del artificio casi sobrenatural que permitió a la lengua vasca perdurar sin dejar de ser ella misma, a pesar de haber aceptado contaminaciones..., de haber aceptado una peculiar pérdida de la virginidad.

Pero las influencias fueron mutuas: el vasco se apoderó de muchas palabras latinas, y después románicas, de los pueblos vecinos; pero también aportó innovaciones lingüísticas al incipiente castellano, y como una de las más significativas podemos citar la pérdida de la letra f latina (*filare, fender, fabla...*), y su sustitución por la h (*hilar, hender, habla...*). Otro cruce de influencias se efectuó con el gascón, que se hablaba del lado de allá de los Pirineos, pero también del lado de acá, pues se utilizaba durante la Edad Media en todos los documentos escritos de San Sebastián y Pasajes. Carmela de Echegaray, al examinar

los autos de fe de 1611 contra ciertas brujas de Fuenterrabía, comprobó que a los testigos de esta villa se los interrogaba en vascuence, y a los de San Sebastián y Pasajes, en gascón.

La práctica desaparición del euskera se produce a lo largo del siglo XIX. A finales de ese siglo, la sociedad vasca se expresa en castellano, y sólo pequeños reductos rurales mantienen viva la llama de una lengua que se considera en extinción. Sorprende este dato si se lo compara con el número de vascohablantes a comienzos del siglo, que eran más de medio millón, es decir, entre un 55 y un 84 % de la población. Una mayoría, en suma. Pocos años más tarde, todavía en el siglo XIX, el euskera ha desaparecido de gran parte de Álava y de todo el sur de Navarra, y su uso se reduce a los campesinos (*baserritarak*) de Vizcaya, Guipúzcoa y la Navarra pirenaica, así como a los pescadores de la costa.

Tras la segunda guerra carlista el número de vascohablantes disminuyó de forma notable. El Gobierno central impulsó la creación de escuelas primarias en todo el País Vasco, en las que la enseñanza se impartía exclusivamente en castellano. Únicamente la Iglesia constituía un bastión del euskera, pues en las zonas rurales seguía siendo el medio de comunicación de los sacerdotes con los campesinos.

Otro factor que influyó en el creciente ensombrecimiento de la lengua vasca fue su escasa o casi nula producción literaria. Era una lengua oral, que no se utilizaba como lengua de cultura. Según Payne, desde la publicación del primer libro en euskera, en 1542, hasta principios del siglo XIX, sólo se habían impreso 111 libros en esa lengua, y en su gran mayoría eran panfletos y rebuscados tratados religiosos. A finales del siglo XIX no existían revistas ni periódicos en euskera: toda la información se transmitía en castellano. La gente que sabía leer, leía en castellano. Los analfabetos se expresaban en euskera. Así de simple.

Fue a principios del siglo XX cuando los lingüistas iniciaron la tarea de recuperación de la lengua vasca, y para ello acudieron ante todo a su depuración ortográfica y a una unificación de la escritura. Los diccionarios que se elaboraron procedieron a eliminar los términos basados en arcaísmos o vulgarismos castellanos, con lo que se perdió, quizá para siempre, una huella histórica que habría permitido conocer mejor la evolución de la lengua que nos une a nuestros más remotos antepasados. Al mismo tiempo, se eliminaron extranjerismos procedentes del español y el francés, que habían invadido el habla, sobre todo para hacer alusión a los nuevos elementos y procesos que traía consigo el progreso industrial y económico. Este fenómeno de la recuperación del euskera no se ciñó a una cuestión científica, sino que albergó el germen de un florecimiento de todos los signos culturales vascos, a los que más tarde se aferraría el nacionalismo para impregnarlos de contenido político.

Por eso cuando hablamos de la lengua vasca no nos estamos refiriendo sólo a un objeto de estudio por los especialistas, sino también a un arma de combate. Por ejemplo, Arturo Campion, en 1901 llegó a decir del euskera que era el corazón del pueblo vasco, soporte de la raza y transmisor de la cultura. «El euskera —concluía— se retira a las montañas para poder morir más cerca del cielo». Su postura no era sin embargo separatista, ni siquiera nacionalista, pues en los actos culturales que organizó flotaban siempre banderas españolas sobre los *txistularis,* los desfiles con trajes típicos, las hogueras y el repique de campanas.

Durante los años cincuenta, sesenta y setenta, de fuerte inmigración hacia las grandes ciudades, los campesinos vascohablantes (*euskaldun*) comprendieron enseguida que su lengua materna era un obstáculo para desempeñar sus nuevos oficios, y procuraron olvidarla, o dejarla de lado, un tanto avergonzados de sus dificultades para expresarse en correcto castellano. Las mujeres, con su proverbial sentido práctico, recriminaban a sus maridos que hablasen a sus hijos en euskera, y establecían un riguroso control para que la familia entera se expresase en castellano. Este fenómeno se basaba no sólo en el interés, sino en la arrolladora campaña gubernamental en pro de la «españolización» del País Vasco, y en las numerosas dificultades administrativas y hasta judiciales (amén de las profesionales) que encontraban los que querían expresarse en euskera. No cabe duda de que este segundo factor de tipo político tuvo como consecuencia una radicalización de las posturas: los que mantenían el uso del euskera contra viento y marea eran minoritarios, pero su actitud cívica adquirió tintes de confrontación violenta que acabaron superando con mucho a las posturas de odio irreconciliable características de las dos guerras carlistas.

Sin embargo, en una encuesta realizada en 1969, un aplastante 78 % de los obreros inmigrantes encuestados se manifestaba en favor de que sus hijos aprendieran el euskera, seguramente como una vía para salir del aislamiento.

El número de vascohablantes, aunque en un siglo aumentó en cifras absolutas (391.000 en 1870 y 519.000 en 1970), en términos relativos la disminución fue brutal (aquellas 391.000 personas representaban el 54 % de la población, mientras que estos 519.000 representan sólo el 23 %). La situación no había mejorado en 1975, año en el que el 21,7 % de la población era vascohablante (553.000 personas, sobre un total de 2.557.000). Por provincias, hay que destacar la implantación importante del euskera en Guipúzcoa (un 45 % de sus habitantes), y la muy escasa de Álava (apenas un 8 %).

La progresiva euskaldunización, a partir de la escuela, emprendida por el Gobierno vasco, ha dado unos frutos espectaculares. Los datos del curso escolar 1995-96 reflejan por vez primera una mayoría de estudiantes de Primaria (de 3 a 14 años) que prefieren que todas las asignaturas se impartan en euskera (con el castellano como asignatura), cuando en cursos anteriores todavía eran mayoritarios los que preferían los estudios en castellano (con el euskera como asignatura). Destaca la provincia de Guipúzcoa, donde el 53,4 % del alumnado prefiere el euskera, frente a Álava, donde las posiciones se invierten (un 50,51 % elige el castellano).

## Las ikastolas

Las primeras *ikastolas* (escuelas en lengua vasca) fueron establecidas por el PNV durante la Segunda República en las áreas industriales de Vizcaya y Guipúzcoa. Durante los años cuarenta y cincuenta fueron radicalmente prohibidas por la dictadura franquista, aunque algunas continuaron existiendo en la clandestinidad, como clases privadas en domicilios particulares. En los años sesenta se produjo —en consonancia con la incipiente liberalización del régimen— una cierta permisividad respecto al

uso del euskera, y las ikastolas reaparecieron como jardines de infancia, y a partir de ese momento, y hasta la muerte de Franco, se extendieron por ciudades y villas industrializadas o en vías de industrialización. En 1976 funcionaban en Euskadi 195 ikastolas.

La política de ETA no se ceñía en aquella época a lo exclusivamente militar, como ocurriría más tarde, durante la democracia, cuando la aprobación del Estatuto de Guernika y el abandono de las armas por parte de los polismilis (ETA Político-militar) dejó sin contenido político a la organización armada. En los años anteriores, ETA había conseguido convertirse en el símbolo de la resistencia popular contra el régimen franquista, y sus dirigentes hablaban de conseguir la «renacionalización de Euskadi». Bajo este principio, pusieron mucho empeño en el resurgir cultural del País Vasco, de su literatura, su música, su teatro, sus danzas, sus canciones. Y en ese resurgir jugaban un importante papel las ikastolas.

El elemento fundamental de las ikastolas ha sido y es el deseo de conservar y estimular la utilización del euskera desde la infancia, y de un modo especial entre las comunidades desarraigadas de los medios rurales y que se han instalado en medios industriales, debido al persistente proceso de emigración interior. Es menos frecuente el caso de niños procedentes de la inmigración exterior, con la excepción de Bilbao. Su composición social nos muestra que los niños proceden de la clase media o la clase media inferior urbana; sus padres son obreros cualificados, técnicos, comerciantes, pequeños empresarios y profesionales. Hay pocos hijos de campesinos. Los campesinos, que utilizan con frecuencia el euskera, consideran que su uso es perjudicial para las futuras posibilidades culturales y laborales de sus hijos. En realidad, y como pasa en casi todas partes, los campesinos vascos desean que sus hijos mejoren la posición de sus padres, no quieren que sean campesinos como ellos.

Las ikastolas se instalan en un lugar determinado por iniciativa popular. Los más acendrados nacionalistas forman una especie de asociación o cooperativa, aportan los fondos económicos para crear la escuela, y envían a sus hijos a ella. Son los jóvenes radicales de los movimientos abertzales, cercanos a ETA, quienes proporcionan el profesorado.

Hasta que la Consejería de Educación del Gobierno vasco no estableció unas asignaciones para el mantenimiento de las ikastolas, éstas sobrevivían sin ayuda oficial y con la amenaza de cierre por parte del Ministerio de Educación si no se ajustaban a las normas generales de los centros de enseñanza. Esto obligó a sus promotores a buscar los medios de financiación, que generalmente aportaban ellos mismos: promotores y padres eran una misma cosa, y la causa por la que luchaban era la misma causa, de forma que los padres pagaban el recibo mensual con la conciencia de que no sólo era la compensación pecuniaria por la enseñanza que sus hijos recibían, sino que con aquella cantidad contribuían también a financiar el ideal nacionalista y, en ocasiones, independentista.

Pero con aquellas contribuciones voluntarias, entusiastas e ilusionadas —idealistas, podríamos decir— no bastaba. Y el tema de la financiación de las ikastolas pasó a ser una bandera enarbolada por el movimiento cultural auspiciado por ETA, y un precedente, aunque fuera remoto, de lo que más tarde se llamó «impuesto revolucionario».

No era, en verdad, un impuesto revolucionario la colecta de fondos para la ikastola del lugar, realizada a través de actuaciones de cantantes, o de competiciones deportivas típicamente vascas, o recitales de poetas espontáneos —bertsolaris—, en un ambiente de obligación moral, de deber de conciencia, que impulsaba la asistencia y el apoyo a la organización de estos actos que, de algún modo, se convertían así en un acto de afirmación nacionalista y de solidaridad.

Las personas que se ponían al frente de una ikastola llevaban a cabo una labor organizativa y didáctica, que iba acompañada de una posición activa frente a la burocracia y, principalmente, frente a la administración central. En su experiencia contaban los años de esfuerzos y de las mil triquiñuelas que habían tenido que inventar para mantener su escuela al margen y a menudo en contra de la legalidad vigente. Habían vivido años sometidos a prohibiciones arbitrarias, y se habían acostumbrado a sortear las corrientes oficiales, plagadas de obstáculos: hasta para incluir una canción en el repertorio de la escuela de infancia había que presentar el texto y la partitura a la censura a fin de obtener la aprobación oficial. Los profesores tenían que rellenar complejos formularios, en los que adquirían una singular importancia las ideas políticas de cada uno. La movilización popular, y una atenta vigilancia, fueron fundamentales para hacer germinar estos centros que condensaban el propósito de integrar a las poblaciones locales en el nacionalismo cultural y político desde la infancia.

Una de las aportaciones de ETA fue extender esa acción a los inmigrantes, cosa que de algún modo rechazaban los del PNV. Para ello se sirvieron de las huelgas políticas y económicas, que arrastraban a los inmigrantes descontentos, y que eran utilizados como fuerzas de choque para incorporar las reivindicaciones nacionalistas y de lucha contra la dictadura. Comisiones Obreras, de orientación comunista, se prestó a este juego, organizando huelgas a las que se sumaban elementos nacionalistas radicales, que reivindicaban en aquel entonces los mismos principios de dictadura del proletariado, cada vez más descafeinados desde el revisionismo a que dio lugar la muerte de Stalin.

Así pues, en torno a las ikastolas y en torno a Comisiones Obreras se articularon los núcleos más dinámicos y, en ocasiones, los más violentos, de la acción antigubernamental. Incluso movimientos antifascistas, que no eran nacionalistas, apoyaron con su esfuerzo, su tiempo y su dinero, la causa de las ikastolas, que era a la vez la causa del nacionalismo vasco, la causa de los trabajadores y la causa de ETA.

Recientemente, en mayo de 1993, la Confederación de Ikastolas estudió un documento en el que basaba su actuación en la «conciencia nacional» vasca. Textualmente se afirma la importancia de «formar niños euskaldunes que, con una conciencia nacional y con una formación integral, configuren el país y lo proyecten en Europa y en el mundo». Como se ve, el objetivo fundamental de la conservación y extensión del euskera va siendo sustituido por una formación tendente a inculcar el nacionalismo vasco en los niños desde los estudios primarios.

## Política lingüística actual

El Partido Nacionalista Vasco enarboló, desde 1980, la implantación del euskera como una de sus banderas programáticas más importantes. Podría decirse que la implantación del euskera forma parte de una política de nacional-culturalismo a la que no se han regateado medios y en la que se actúa de modo insistente y persistente. Es curioso observar que la lengua vasca, expresión de democracia durante la dictadura franquista, ha pasado a convertirse en un instrumento autoritario en tiempos de democracia. Y que la agobiante campaña de «españolización» desatada por el franquismo se contrabalancea ahora con la euskaldunización a ultranza.

Pensemos, como ejemplo, que en una población como Bilbao, en la que el uso del euskera sólo alcanza al 9 % de la población, el Ayuntamiento aprobó la consideración del euskera como lengua del municipio, merecedora, por esa causa, de un tratamiento preferencial. Este tratamiento preferencial consiste en otorgar bonificaciones y subvenciones por razones lingüísticas, así como privilegios a los funcionarios que hablen esa lengua y órdenes a los empleados para que en sus realaciones con el público utilicen el euskera.

Pese a todos los esfuerzos —incluso coercitivos— realizados a lo largo de los últimos 15 años para extender el uso del euskera, lo cierto es que las estadísticas muestran en 1990 que la población que habla euskera como primera lengua alcanza un porcentaje del 25 %, porcentaje que es prácticamente el mismo que hace un siglo. Lo único que se ha producido es un desplazamiento de esa población euskerohablante, que hoy no está sólo en el medio rural, sino también en círculos intelectuales y burocráticos de las ciudades.

Los planes de euskaldunización de adultos han tenido escaso éxito, pese a las considerables partidas financieras que han recibido por parte del Gobierno vasco. En los primeros años de la transición política se produjo un auténtico movimiento de interés por el euskera, tanto entre los políticos e intelectuales como entre la clase media e incluso la clase trabajadora. Pero este espíritu voluntario se ha convertido poco a poco en una presión psicológica y ambiental sobre los niños de las escuelas, los aspirantes a funcionarios y los desempleados (para todos éstos se crearon las *euskaltegis*, o escuelas de euskera). El resultado de esta presión puede resumirse en estos puntos:

— Los niños no tienen ninguna opinión al respecto, y sus padres consideran que si el aprendizaje de la lengua vernácula puede favorecer su inserción futura en el terreno laboral, tanto mejor.

— Los aspirantes a funcionarios, o los que ya lo son pero ven en peligro su contrato por razones lingüísticas, hacen un esfuerzo sobrehumano para superar las pruebas, con un resultado a veces patético, pues lo que la Administración aprueba no es tanto la calidad del aprendizaje como el esfuerzo titánico de los aspirantes.

— Los desempleados, por último, son quienes se encuentran en una situación más dramática. Para ellos, el euskera no es ni un bien cultural ni un reflejo de las señas de identidad, sino un puro y simple pasaporte para acceder a un empleo. Saben que si en su currículum figura el conocimiento del euskera, las posibilidades de ser admitidos en un trabajo ligado de algún modo a la relación con el público o con el sector público se multiplican por cien. En el acceso al funcionariado, incluso en los escalones más bajos, el conocimiento

del euskera es un mérito que pasa por encima de cualquier otra cualificación profesional.

Lo que Juan Aranzadi llamó «afirmación heráldica en el uso del vascuence» se traduce en su utilización como introducción a los discursos (para decir después «cuánto siento no poder continuar en euskera, como sería mi deseo»), como elemento publicitario en pasquines, pancartas, etcétera, como demostración de que se conocen unas cuantas frases hechas, o como elemento folclórico para el recitado de versos o la entonación de canciones.

Entre la población escolar el proceso de implantación lingüística (que en Euskadi no se llama, como en Cataluña, «inmersión», aunque en cierto modo lo es) tiene sus pros y sus contras. El número de alumnos que eligen el euskera como lengua de estudio no ha cesado de aumentar, pero no hay que olvidar que ese fenómeno ha producido una especie de «depuración técnica» del profesorado: entre 1978 y 1982, por ejemplo, más de 4.000 profesores prefirieron solicitar el traslado a otras comunidades autónomas antes que aceptar la obligatoriedad de impartir la enseñanza en euskera. En la Universidad se ha producido un fenómeno similar. Fernando Savater ha señalado que «reivindicar el derecho de los hablantes a su lengua es una cosa; reivindicar el derecho de una lengua a crearse hablantes obligatorios es otra diferente». Sobre el mismo tema, el filósofo reflexionaba en un artículo publicado en agosto de 1995, y frente a la tajante afirmación nacionalista de que «la lengua de nuestro pueblo es el euskera», concluía que «la lengua del pueblo, según denominación de origen, será el euskera, pero los vascos hablamos además castellano y francés... mayoritariamente»[3].

En otros campos, como en el de los medios audiovisuales, la extensión del euskera tampoco ha dado los frutos apetecidos, pese a los enormes desembolsos realizados. Así, la televisión vasca, que emite por uno de sus dos canales solamente en euskera, tiene un índice de audiencia insignificante; los diarios nacionalistas *Deia* y *Egin,* que hacen proclamas incesantes de su consagración a la defensa del euskera, dedican solamente un espacio mínimo de sus columnas a esta lengua; y en las dos Facultades de Filología vasca, el número de alumnos disminuye cada año.

En todo caso, hay que ensalzar los esfuerzos realizados para mantener viva y pujante una lengua que es un valor cultural del que la humanidad ha de sentirse más orgullosa y preocupada que de cualquier especie animal o vegetal en peligro de extinción. Ese peligro ha desaparecido para el euskera gracias al fervor y a la perseverancia de muchos vascos, conscientes de que si ese tesoro lingüístico se perdiera, no se recuperaría jamás.

## Literatura, arte

La primera obra escrita en euskera de la que se tiene noticia es el libro *Linguae vasconum primitiae,* editada en Burdeos en 1545, y de la que se conserva un único ejemplar en la Biblioteca Nacional de París. Su autor es el clérigo Bernat Etxepare y el libro consta de una serie de poemas amorosos y religiosos, y algunos de elogio de la lengua vasca.

Hasta finales del siglo XIX se editan fundamentalmente libros de carácter religioso, entre ellos varias traducciones de la Biblia.

A finales del siglo XIX aparecen textos en prosa (leyendas, fábulas...) y la primera novela en lengua vasca: *Auñamendiko Lorea* («La flor del Pirineo»), publicada en 1887. Su autor es el clérigo Domingo Agirre, y su estilo histórico-romántico está inspirado en la obra *Amaya,* del también clérigo Navarro Villoslada.

Ya en este siglo, en los años treinta se constituye el movimiento *Euskal Kultur Pizkundea* (Renacimiento Cultural Vasco). Sus pretensiones de renovar la literatura vasca son cortadas de raíz por la guerra civil: algunos de sus miembros se exilian y otros son fusilados.

La verdadera renovación de la literatura vasca se produce a partir de los años sesenta, y sus nombres más representativos son el poeta Gabriel Aresti, autor de *Harri eta Herri* («Piedra y pueblo»), y los novelistas José Luis Álvarez Emparanza (Txillardegi), de quien hablaremos como activista político en otro lugar de este libro, y Ramón Saizarbitoria. Más recientemente, el escritor Bernardo Atxaga (seudónimo de José Irazu), ha obtenido reconocimiento nacional e internacional a partir de la concesión del Premio Nacional de Narrativa a su libro de relatos *Obabakoak* (que se traduciría por «Los de Obaba» o «La gente de Obaba»).

La pintura vasca también alcanza su expresión propia a finales del siglo XIX con las obras de Adolfo Guiard, Darío de Regoyos e Ignacio de Zuloaga. Pero es a partir de 1910, con la fun-

---

[3] Fernando Savater, que fue durante varios años catedrático de Filosofía de la Universidad del País Vasco, lo es desde hace poco de la Universidad Complutense de Madrid.

dación de la Asociación de Artistas Vascos, cuando surge un movimiento ambicioso y personal que impregnará todo el arte del siglo XX. Sus nombres más destacados son los de Aurelio Arteta, Julián de Tellaeche, los hermanos Zubiaurre, Ricardo Baroja y Javier María Ucelay, a los que hay que añadir Agustín Ibarrola, también escultor, impulsor de la pintura vasca del presente.

Sin embargo, las figuras señeras del arte surgen en el campo de la escultura, quizá como una confirmación de las teorías de Oteiza sobre la influencia del vacío creador del crónlech (sucesión de menhires clavados en círculo) en el espíritu vasco. Jorge de Oteiza, junto con Eduardo Chillida y Néstor Basterretxea, son quizá los tres escultores que más han influido en la vanguardia artística internacional. No podemos dejar de señalar que los tres aportaron su obra a la construcción de la basílica de Arantzazu, en 1950: de Oteiza son los Apóstoles (en número de catorce), que forman un friso de impresionante fuerza en la fachada; de Chillida, las puertas; de Basterretxea, los relieves de la cripta. Como en la mejor tradición, la Iglesia se alió con el arte para crear uno de los templos más originales de nuestra época; y también como en la tradición inquisitorial, hubo una inicial prohibición de la Comisión Pontificia para el Arte Sacro, que desde Roma dictaminó que los proyectistas habían «sufrido extravío por la corriente modernista». Afortunadamente, en 1962 se convocó nuevo concurso y, esta vez ya sin prohibición alguna, las esculturas de Oteiza pudieron ser terminadas y colocadas, y el artista Lucio Muñoz pudo llevar a cabo, en el increíble tiempo de cinco meses, su colosal ábside de madera tallada y quemada.

## Folclore

Hay innumerables grupos de danza en el País Vasco. Las «danzas en corro abierto» (entre ellas, el *aurresku*, la *gizon dantza* y la *soka dantza*) son las más populares en fiestas y romerías. Hombres y mujeres, cogidos de la mano o unidos por pañuelos, bailan juntos, mientras algunos dantzaris trenzan pasos de espectacular complejidad. En el siglo XVII, la condesa de Aulnoy contó en tres volúmenes su viaje por España, y retrataba así los bailes vascos: «Se hicieron traer unos bastones largos, se soltaron las parejas y se distanciaron unos de otros por medio de pañuelos que asidos por dos puntas los reunían... Un hombre toca simultáneamente una especie de flauta y el tamboril, que es un instrumento de madera en forma de triángulo muy alargado, sobre el que se mantiene tirante una cuerda, que se golpea con un palillo y produce un sonido semejante al de un tambor... El son agudo de sus flautas, mezclado con el sonido guerrero del tamboril, inspira cierta animación, que aumenta sin cesar entre los bailarines... mientras aquellos señores hacían tantas figuras y cabriolas (tiraban al aire sus bastones y volvían a cogerlos diestramente), que me sería imposible describir su ligereza y agilidad».

La flauta que se cita aquí es el *txistu,* el instrumento vasco por excelencia, junto con la *alboka.* El primero es efectivamente un sencillo instrumento de viento parecido a una flauta, con la particularidad de que se toca con una sola mano, la izquierda, mientras la otra golpea el tambor. El segundo está hecho con caña y con un cuerno de vaca.

Las «danzas de combate» enfrentan a dos bandos provistos de espadas, palos o arcos, en una sucesión colorista de variadas coreografías. Uno de estos conjuntos de danzas es el llamado *Brokel Dantza,* característico de Guipúzcoa, mientras en Vizcaya se conserva el ciclo de la *Dantzari Dantza.*

Las «danzas de pabellón» se ejecutan habitualmente con espadas, y de ahí reciben el nombre de *ezpatadantzak.* Se bailan con espadas largas o cortas, las primeras en grupos numerosos de más de diez bailarines, y las segundas en grupos reducidos de dos o cuatro.

Hay danzas peculiares durante las fiestas de carnaval, de honda tradición en todo el País Vasco. La *Sorgin Dantza,* danza de las brujas, se interpreta en Lasarte, y la *Txino Dantza,* en Aretxabaleta. Otras, que originalmente fueron carnavalescas, han cambiado de fecha, como la *Azeri Dantza,* que se baila actualmente en Aduna el día de San Juan, o la *Jorrai Dantza,* que se ha extendido por doquier en fechas diversas.

El paso al solsticio de verano se convierte en motivo de celebración en la mayor parte de los pueblos de Euskadi, que ven inflamarse de resplandores sus plazas en la noche de San Juan, como un rito de purificación y de exaltación de la luz prometedora del verano.

La *kaxarranka,* fiesta típica de Lekeitio, es un arcón de madera llevado a hombros por varios jóvenes, sobre el que baila un *dantzari,* vestido con un curioso chaqué sobre el pantalón blanco. La *tamborrada,* en San Sebastián, dura desde la medianoche del 19 de enero hasta la medianoche del 20. Durante veinticuatro horas, sin parar, decenas de compañías perfectamente uniformadas desfilan por las calles de la ciudad, batiendo sus barriles y tambores. Y no hay que olvidar en este rápido vistazo a las fiestas populares los alardes, como el de San Marcial en Irún, o el de Hondarribia (Fuenterrabía), en los que miles de hombres uniformados disparan al unísono, a la orden del que va vestido de general, sus escopetas.

## El deporte popular

A partir del ejercicio físico que el vasco realiza por necesidad en el caserío, nacen una serie de actividades competitivas, en las que los originarios de un lugar se esfuerzan por demostrar su supremacía sobre los originarios de otro. Del acarreo de piedras para levantar una cerca o del corte de troncos para llevar leña al hogar nacen otras tantas aptitudes basadas fundamentalmente en la fuerza física y en la resistencia. Este segundo aspecto, el de la resistencia, caracteriza la mayoría de las manifestaciones del deporte popular vasco. Los *korrikalaris* de principios de siglo hacían recorridos de hasta cien kilómetros; los arrastres de bueyes, o las competiciones de segadores, duraban al menos dos horas; los levantamientos de pesos se realizan el máximo número de veces en un tiempo dado; los cortes de troncos obligan a trocear un número considerable de éstos, en función de su grosor; hasta las regatas de traineras, hoy limitadas en su longitud, eran a principios de siglo en mar abierto y entre dos puntos distantes de la costa, luchando contra el oleaje, las corrientes y el viento, en un alarde grandioso y titánico.

Como en la antigua Grecia, los *bertsolaris* se encargaban de pregonar por doquier los desafíos, y cantar las excelencias de los contendientes, así como, una vez celebrada la competición, ensalzar las virtudes del vencedor. Sus estrofas son, a partir de finales del siglo XIX, las más elocuentes crónicas deportivas; antes habían cantado episodios de la guerra de Independencia o de las guerras carlistas. A ellos se unían los trabajadores errantes, como los pastores, los segadores o los carboneros. Hacia mediados del siglo XIX surgieron los *bertsopapera*, es decir, hojas impresas que se vendían en ferias y mercados.

La constitución física y la vida sana del campo han sido los elementos que explican la práctica de unos deportes que requieren una constitución y unas energías fuera de lo común. En la tradición vasca hay pocos dioses, pocos mitos, y en cambio hay una larga lista de héroes auténticos de personajes que existieron y que siguen siendo admirados por sus hazañas físicas de generación en generación. Este hecho se produce incluso entre las familias vascas que han emigrado a América hace un centenar de años. A «los que se han ido antes», los *aintzinekoak*, se les recuerda con veneración y se habla de ellos como de unos modelos dignos de imitación.

Los pelotaris han despertado desde siempre la admiración de los extranjeros, y su deporte es el más internacional de los practicados en el País Vasco. Ya sea con pala, a mano, con guante o con cestapunta, el juego de la pelota se practica en todos los lugares, y no hay pueblo que no posea un frontón para entretenimiento de chicos y grandes, y también como recinto para emocionantes competiciones en las que se cruzan cuantiosas apuestas. Un joven inglés, Frederick Hardman, que se alistó como teniente en la Legión británica y luchó en la primera guerra carlista a las órdenes de Espartero, escribió a su regreso a Londres un libro titulado *Escenas de la península*, en el que habla así del frontón:

«Es tan indispensable en las aldeas vascas y navarras como la iglesia misma; los vascos son grandes jugadores de pelota, y en las aldeas demasiado pobres para tener un trinquete como es debido nunca falta un paredón con suelo de losas en el que jugar. Se sirven de un grueso guante de cuero con palma de cuerno ligeramente cóncava, de forma parecida a la de una cuchara grande y plana. Con este tosco instrumento en la mano derecha, y jugando con pelotas muy pesadas, los vascos hacen alarde de gran destreza y fuerza; los jugadores de primera clase son conocidos por su nombre y proezas en todas las provincias vascas, como los boxeadores o los corredores hípicos en Inglaterra, y los aficionados apuestan frecuentemente fuertes cantidades por su campeón favorito. La afición general a este deporte, uno de los más duros y fatigosos que hay, es sin duda lo que ha hecho a los vascos tan saludables y fuertes, gente ancha de hombros, estrecha de caderas, musculosa, con nervios de acero y ni una onza de carne superflua, capaces de soportar cualquier fatiga o privación».

Los *aizkolariak*, cortadores de troncos, son los protagonistas del deporte más enraizado en las costumbres vascas, que reúne hoy a miles de personas en las plazas de toros, y que mueve cantidades muy importantes de dinero en apuestas. La proliferación de bosques y su aprovechamiento —tanto para la construcción de buques como para los hornos de las ferrerías— explican este fenómeno. Valga como ejemplo un documento de finales del siglo XVIII, en el que se especifica que en el valle de Oiartzun había 74.250 robles, 19.655 castaños y 19.600 hayas. Precisamente son los troncos de haya los que se utilizan para las competiciones de *aizkolaris*. Los campeonatos y las apuestas se establecen para quien emplee menos tiempo en cortar un número determinado de troncos de un grosor previamente establecido, que va de las 36 a las 72 pulgadas de circunferencia (aproximadamente, 70 centímetros y 1,5 metros) [4].

La *harrijasoketa*, o levantamiento de piedras, es un deporte más antiguo que la corta de troncos, y hoy el segundo en popularidad. Desde siempre se han dedicado los mozos, tras beber varios litros de sidra, a probar sus fuerzas y a competir entre ellos levantando el primer peñasco que encontraban a mano. Y la costumbre no se ha perdido, pues Rafael Aguirre cuenta en un libro de reciente publicación que un joven vecino suyo se dedicaba a levantar una piedra de 120 kilos de peso mientras esperaba el autobús. Las piedras reglamentarias para la práctica deportiva tienen cuatro formas geométricas: el cilindro, el cubo, la esfera y el paralelepípedo. La forma cilíndrica y la esférica se utilizan para los pesos más pequeños (entre 100 y 125 kilos); la cúbica y paralelepípeda para los más grandes (entre 125 y 212 kilos). La prueba consiste en quién levanta más veces una piedra, hasta el hombro, en un tiempo determinado (entre un minuto y 10 minutos, en función del peso de la piedra). Ha pasado a la historia Aguerre II, de Azpeitia, que en 1962 levantó una piedra cilíndrica de 100 kilos 22 veces en un minuto.

La *idi dema*, o arrastre de piedra por uno o dos bueyes (también existe la variante de un asno, o la *gizon proba*, arrastre de piedra por uno o varios hombres), es quizá la más popular de las competiciones en los medios rurales. La piedra es rectangular, con un orificio para enganchar la cadena, y pesa entre 1.500 y 4.000 kilos. El buey, que recibe una alimentación especial, ha de recorrer la pista de cantos redondos —que mide unos 25 metros— el máximo número de veces en un tiempo de 30 minutos.

Otras competiciones populares de gran tradición entre los vascos son la *aari talka* (lucha de carneros), la *sega apustua* (siega con guadaña) y la *sokatira* (tiro de cuerda entre dos bandos de forzudos).

---

[4] Quizá la prueba más larga y dura de todos los tiempos entre *aizkolaris* fue la que enfrentó a Ramón Latasa y a Luxia el 26 de abril de 1959, y que consistió en quién era capaz de cortar en menos tiempo 14 troncos de 54 pulgadas y 2 troncos de 110 pulgadas (medida excepcional en las competiciones). Ganó Latasa, que empleó 115 minutos y 53 segundos, con 3.830 golpes de hacha; Luxia tardó 2 horas y 47 segundos y necesitó 4.038 golpes.

# IV
# LA RELIGIÓN

La iglesia (*eliza* o *elexa*, según las zonas) ha sido tradicionalmente templo de devoción y culto, y lugar de reunión de los hombres para discutir los problemas de la comunidad.

La iglesia reflejaba en la disposición de sus asientos las divisiones sociales y las circunstancias familiares de cada cual: así se sentaban separadamente solteros y casados, y ciertas familias contaban con lugares preferentes.

La proporción de mujeres que asisten a los cultos ha sido y sigue siendo mucho mayor que la de los hombres. Su participación en los cultos y el fervor con que recitan las oraciones también marca una sensible diferencia: a menudo los hombres se limitan a permanecer de pie o sentados, sin abrir la boca, y, a lo sumo, garabatean una señal de la cruz.

Los niños —que, como diremos al hablar de la sociedad vasca, reciben hasta la adolescencia una educación impartida por sus madres y por las demás mujeres de la casa— son introducidos, desde que empiezan a hablar, en la idea de que todo acto, por pequeño que sea, tiene un sentido religioso, y el germen de lo religioso impregna también cuanto ha sido creado por la mano del hombre, y cuanto existe en la naturaleza, creado por la mano de Dios.

## Los mitos paleocristianos

Una tendencia muy acusada entre los campesinos es la de hablar de los episodios de la vida de Jesucristo como si ésta se hubiera desarrollado en el medio rural donde se mueven. La comprensión del Evangelio es una comprensión que pasa por el escenario de los caseríos cercanos, los caminos, los arroyos, los bosques y las montañas. Este entroncamiento de la historia sagrada con la geografía local produce una familiaridad que a veces roza la superstición. Lo que hay de bello en la naturaleza se considera que es de Dios, de la Virgen o de los santos; lo que hay de feo y desagradable, del demonio. La meteorología adversa, así como las enfermedades o accidentes, se considera una expresión de la furia divina, por algún pecado individual o colectivo. Ciertas deformaciones físicas o mentales son, no obstante, atribuidas a un espíritu maléfico, que se intenta combatir con exorcismos y conjuros.

Las prácticas paganas de la antigüedad y las cristianas procedentes de la Edad Media coexisten y se entremezclan. Los vascos fueron cristianizados muy tardíamente, y su relativo aislamiento alimentó y preservó un gran cúmulo de mitos y leyendas que han pervivido hasta hace muy pocos años. Montañas, valles y ríos se identificaban con seres humanos, movidos por las dos fuerzas que condicionaban la existencia: el dios del firmamento —Ost u Ortzi— equivalente al Zeus griego o al Thor germánico, e Ilargia, la luna, fuerza femenina que surge de lo oculto, de los difuntos, de las ánimas. La divinidad femenina de los vascos antiguos era Mari, la señora que vive en las entrañas de las cuevas y que se aparece a los hombres en forma de mujer de belleza extraordinaria que cruza el espacio, de monte a monte, como una bola de fuego. Por eso en cada pueblo se sitúa la morada de Mari en el monte más importante: el Gorbea, la sierra de Aralar, el Anboto, el Aketegi...

Se cree con igual fuerza en los «señores del bosque» y la legión de santos y de advocaciones marianas que sirven para buscar remedio a todos los males. Los señores del bosque son los *basajaunak*, seres velludos y descomunales que accedieron al cultivo de la tierra al mismo tiempo que san Martín —un santo cristiano— arrebató la simiente, después de una apuesta, a los señores del bosque. Vagan por las márgenes de los ríos las *lamiak*, seductoras criaturas con aspecto de sirenas que peinan sus largos cabellos con peines de oro y atraen a los mortales con sus lánguidas miradas. Cuando llegó Jesucristo, *Kixmie*, desaparecieron aquellos seres sobrenaturales y se transformaron en personajes míticos, en los que nadie cree, pero que existen al otro lado de la niebla y de la noche.

## Influencia de la Iglesia y religiosidad vasca

Para la gente del campo la piedad tiene dos aspectos: uno, que llamaríamos de la fe religiosa, consiste en acomodar el comportamiento a las enseñanzas recibidas y vivir, en suma, en un «santo temor de Dios» que induce a guardar los mandamientos y los preceptos eclesiásticos, asistir al culto y frecuentar los sacramentos. El otro procedería a la inversa: en vez de adaptar la vida a las actividades religiosas, adaptaría éstas a la vida: la religión se acomodaría a cada momento de la existencia, tanto en el ámbito familiar (la niñez, la pubertad, el matrimonio, las enfermedades, la muerte) como en el laboral (la siembra, la recolección, el pastoreo...).

Esta relación inversa (adaptación de la religión a la vida y no al contrario) entronca con un sentido que algunos han llamado «mecanicista», y que nosotros emparentaremos, en el epígrafe siguiente, con el pragmatismo de los reformistas centroeuropeos.

Algunos topónimos utilizan, en vez de «san» o «santa», el vocablo «don», «dona», contracciones de «dominus», «domina»: así Donibane (Saint-Jean-de-Luz), Donostia (San Sebastián), o Donestebe (San Esteban), uso que también se encuentra en la región de Les Vosges, en Francia (Domrémy, Dompierre...). Los santos se erigen así en señores de esos lugares, donde se establece una situación de exclusividad que llega a provocar altercados con los pueblos limítrofes.

Las romerías son un pretexto para que se olviden esas rivalidades, y para que se concentren durante un día de fiesta y de desahogo corporal y espiritual los vecinos de los pueblos cercanos. Con ocasión de esas romerías (y también de celebración de matrimonios, o de entierros) solían producirse excesos en la bebida y en la comida, a los que no eran ajenos los cu-

41

ras, contagiados del ambiente medio pagano que impregnaba la fiesta.

Las hermandades en el campo y las cofradías en la mar llevan el nombre de un santo, bajo cuya advocación se ponen los hermanos o cofrades, quienes celebran solemnemente su fiesta, en espera de recibir sus bendiciones en forma de buenas cosechas o copiosas capturas pesqueras.

Pero sin duda cuanto se ha dicho hasta aquí no es aplicable a las capas más cultivadas de la población, y en particular a los habitantes de las grandes urbes. El catolicismo de la burguesía vasca mantiene una cierta independencia respecto a la jerarquía eclesiástica, aunque no respecto al tradicionalismo transmitido de padres a hijos, o a la educación recibida en colegios religiosos, principalmente de los jesuitas (quienes, aparte de la Universidad de Deusto, han mantenido centros de enseñanza secundaria de gran influencia, como los de Bilbao, San Sebastián, Orduña y Tudela). La enseñanza católica conoció un esplendor sin precedentes en los siglos XVIII y XIX, abriéndose a las corrientes científicas y sin abandonar por eso la disciplina en las aulas y la rigidez de los principios religiosos. La Iglesia se dio cuenta de que para enfrentarse a la sociedad moderna hacía falta gente preparada, y no dudó en multiplicar el número de órdenes dedicadas a la enseñanza, consciente de que a través de sus esquemas educativos ejercería sobre la sociedad la influencia que había perdido al separarse, con el eclipse definitivo del Sacro Imperio, el poder terrenal y el espiritual. En las aulas de las diferentes órdenes religiosas se fraguaron los profesionales, los empresarios y los políticos que conformarían el País Vasco tal como es hoy.

Otra de las palancas de poder que utilizó la Iglesia fue, ya en los albores de este siglo, la prensa: diarios de catolicismo militante como *El Pueblo Vasco*, de San Sebastián, *La Gaceta del Norte*, de Bilbao, o *Diario de Navarra*, han enarbolado las corrientes de una religiosidad ilustrada, consciente y bien preparada, aunque conservadora y paternalista, que representó a ultranza el poder económico de las grandes familias, hijas de la industrialización y herederas de aquellos linajes que enseñorearon durante siglos el campo vasco.

## Una religión práctica

Todos los historiadores están de acuerdo en que la pujanza industrial y la solidez económica de los países de Centroeuropa está ligada a la mentalidad derivada del protestantismo, y dentro del protestantismo, de la mentalidad puritana. Durante mucho tiempo se ha resaltado la incapacidad de los católicos para el comercio y la industria. En el católico hay un sentido poco práctico de la vida o, dicho con mayor precisión, de la muerte. La muerte trascendentaliza la vida, y a ella se encaminan todas las acciones, tanto las positivas como las negativas, de la existencia. El hecho de que una bendición en el sacramento de la confesión le perdone a uno los pecados y le dé un pasaporte para el cielo, parece ser que condiciona el comportamiento moral de los católicos, mucho más despreocupados de los problemas de lujuria (fácilmente perdonables) que de ajustarse a los sabios consejos bíblicos de una buena administración y una buena siembra para recolectar en el futuro. (También influye en esta diferente mentalidad el hecho de que los protestantes están muy aferrados a la Biblia, mientras los católicos la desconocen y la menosprecian, y su libro de cabecera son los Evangelios.)

El cuidado de los bienes materiales —conservarlos mediante el ahorro y hacerlos crecer mediante las buenas inversiones y los adelantos técnicos— ha presidido el comportamiento de las sociedades prósperas de Europa occidental y de su heredera, la América del Norte. En cambio, ha sido característico de países como España el desprecio de la riqueza, el despilfarro cuando ésta ha venido (como ocurrió durante la colonización americana) y la aversión a la ciencia.

Sin embargo, en el País Vasco se produce un hecho paradójico: considerados sus habitantes católicos a macha martillo, e incluso los católicos más practicantes de España, fueron ellos quienes introdujeron los sistemas económicos creados en países protestantes. De la religiosidad vasca hay testimonios en la época de la Revolución francesa, cuando Barrère pronuncia la frase «el fanatismo habla vascuence», y unos años antes en las descripciones que Rousseau hacía del acendrado cristianismo de su amigo Altuna.

Entre los siglos XVI y XVII se hace patente el fenómeno de la aportación vasca a la construcción de los navíos españoles, y una mayoría de los secretarios y técnicos en cuestiones administrativas, durante la época de los Austrias, llevan nombres vascos. Más tarde florecen en Bilbao las instituciones bancarias y las compañías industriales —con preeminencia notoria en el campo de las explotaciones férreas—, impulsadas por las «Sociedades Vascongadas de Amigos del País».

## Los jesuitas

Pero hay algo que condiciona el «concepto económico de la vida» de los vascos: y es la influencia decisiva de la Compañía de Jesús. Hay quien arguye que el espíritu industrioso fue el que influyó en la Compañía, y no al revés. Lo más probable es que se haya producido una confluencia entre la mentalidad vasca de Ignacio de Loyola y la necesidad que tenían los vascos de aferrarse a un concepto de la religión católica que fuera compatible con un sentido práctico de la vida. Los escritos de San Ignacio (tanto las Constituciones de la Compañía como los Ejercicios Espirituales) hacen alusión constante a la eficacia que ha de presidir las actitudes espirituales y el «negocio» de ganar el cielo. En San Ignacio influyó también el padre Laínez, descendiente de judíos conversos, que fue más tarde su sucesor al frente de la Compañía. Puede que la mezcla de vasquismo y de judaísmo haya impregnado de sentido pragmático a los jesuitas, quienes, a su vez, procuraron después una «vasquización» de España y hasta de América, con resultado irregular, pues quienes no podían tolerar sus exigencias ascéticas, sus inquietudes científicas y su fácil influencia económica entre los poderosos, acabaron expulsándolos.

Sólo a un español (es decir, a un vasco) podía ocurrírsele fundar una orden religiosa de tipo militar y bautizarla Compañía. En Azpeitia dice una canción —citada por Pío Baroja— que «Ignacio tiene puesta en pie la Compañía armada de chispas y con la bandera desplegada... para que nosotros tengamos paz». En Azpeitia nació Ignacio y, curiosamente, también en Azpeitia (además de Azcoitia y Vergara) tenía la mayor parte de sus afiliados la Sociedad de Amigos del País, fundada por el conde Peñaflorida, y allí nació otro Ignacio, apellidado Altuna, del que ya hemos hablado, y que era amigo de Jean-Jacques Rousseau.

Otra coincidencia: la Real Sociedad Vascongada de Amigos del País se constituyó en 1764, a partir de aquel grupo de «caballeritos de Azcoitia» que alternaban el catolicismo practicante con la lectura de la Enciclopedia de Diderot, y su sede se estableció en el colegio llamado Real Seminario de Vergara, del que acababa de ser expulsada la Compañía de Jesús. Aunque sea una ironía del destino, lo cierto es que las aulas, salas de estudio, bibliotecas y pasillos que habían sido de los jesuitas sirvieron para dar cobijo al fomento de las ciencias físicas y naturales (en especial la metalurgia y la química), la agricultura y las artes.

Los jesuitas crearon en 1883 la Universidad de Deusto, con una Facultad de Derecho y otra de Filosofía y Letras. Durante casi un siglo no pudo expedir títulos oficiales, y los alumnos habían de examinarse en Valladolid. Al fin en 1962 consiguió la autorización para expedir títulos oficiales. La Facultad de Ciencias Económicas —que ha hecho famoso el nombre de Deusto, tanto por la calidad de sus graduados como por las producciones editoriales que allí nacieron— se fundó en 1916 con el nombre de «Universidad Comercial», nombre al que sigue haciendo honor por sus investigaciones en las últimas corrientes de la mercadotecnia. Durante mucho tiempo fue el único centro en España donde se impartía esta especialidad (no olvidemos que la primera Facultad de Ciencias Políticas y Económicas inició sus actividades en Madrid en el curso 1943-44). No deja de ser curiosa esta nueva coincidencia de los intereses empresariales vascos con los intereses de la Compañía de Jesús.

## Los curas rurales

El fenómeno de amalgama de las tradiciones vascas ha girado en torno a dos núcleos: el familiar y el clerical.

En el período franquista, la postura de la Iglesia vasca fue de claro enfrentamiento con las autoridades del régimen, generalmente en forma de cartas-denuncia en las que sobresalían sus llamamientos en defensa de los derechos humanos. Ya en 1950, una publicación tirada en multicopista y difundida clandestinamente, titulada *Egiz,* transmitió de parroquia en parroquia un mensaje de corte nacionalista, al reivindicar los derechos del pueblo vasco al mismo tiempo que la libertad de la Iglesia para predicar las enseñanzas del Evangelio. Un documento que alcanzó gran notoriedad fue el que firmaron, en mayo de 1960, 339 sacerdotes, casi todos de las diócesis de Bilbao y San Sebastián. Su contenido era un alegato contra la represión franquista de la realidad vasca. Los vascos tenían unas características étnicas, lingüísticas y sociales que les habían sido dadas por Dios. Cualquier intento de amordazar, sojuzgar o asfixiar esas características era tachado en el documento de genocidio, palabra que prendió pronto en el estilo de las homilías de los sacerdotes vascos.

A la sombra, o en torno a ese movimiento reivindicador de los curas vascos, crecieron en los años de la dictadura los movimientos de Acción Católica, principalmente la HOAC y la JARC. La HOAC, siempre más cerca de los movimientos obreros, alentó desde un primer momento el nacimiento de Comisiones Obreras (sindicato clandestino comunista) en Bilbao. La JARC se aproximó a las posiciones de ETA. En pocas palabras, los grupos católicos laicos, y la parte del clero que los apoyaba, consideraron el nacionalismo como la mejor ideología para luchar contra la dictadura y para obtener la liberación del pueblo vasco.

La creación, en agosto de 1968, de una cárcel especial para clérigos en Zamora —de acuerdo con la Santa Sede y en aplicación del artículo 16 del Concordato, por lo que se llamó «Cárcel Concordataria de Zamora»—, mostró una contradicción más de un régimen que se autodefinía como católico y que mantenía entre rejas a más sacerdotes que todos los países de Europa juntos, incluidos los comunistas. Más de cien curas vascos pasaron por sus celdas, que fueron a la vez lugar de reclusión y redoma efervescente del activismo nacionalista.

Aquel mismo año, 40 sacerdotes tomaron las oficinas del obispado de Bilbao para protestar por la que califican de connivencia del obispo con la policía franquista. De allí surge el movimiento sacerdotal Gogor (for-taleza), que amalgama los movimientos de protesta de la Iglesia contra el régimen. Muchos de sus componentes, como muchos otros sacerdotes radicales, optan por la secularización, y pasan a engrosar las filas del nacionalismo practicante o del activismo de ETA. Cientos de ex curas, ex frailes y ex seminaristas pasarían a ser fermento de las ideas nacionalistas, que en diversas formas, y a través de distintas formaciones políticas, pudieron expresarse y actuar después de la muerte de Franco.

Como si surgieran de las sombras del pasado, pequeños grupos de clérigos que se bautizaban a sí mismos «coordinadora de sacerdotes», actuaban —mejor que «oficiaban»— en los funerales por los etarras caídos en enfrentamientos con la policía, y aprovechaban la circunstancia para exponer su particular visión evangélica: el pueblo pobre y oprimido es siempre el pueblo vasco, la historia de Euskadi tiene su parangón en el éxodo de los judíos, y el sacrificio de los terroristas muertos es comparable al de Jesucristo [1].

---

[1] He aquí algunos párrafos de la homilía pronunciada el día 24 de diciembre de 1978 durante la ocupación de los funerales de José Miguel Beñarán, Argala, dirigente de ETA asesinado en Francia el día 21: «Dios es el buen samaritano..., Dios es el padre del hijo pródigo..., Dios es Jesús mismo perdonando a la mujer adúltera..., Dios es el mejor padre y la mejor madre... Yo estoy totalmente convencido de que Dios ha recibido perfectamente a José Miguel y le ha aceptado sin ninguna reserva. José Miguel ha hecho de una forma privilegiada historia de Euskadi. Él es ya un capítulo de la historia vasca. Su paso por esta vida no ha sido vacío, inútil. José Miguel es sin duda uno de los vascos más importantes de estos últimos años... Incluso la lucha armada, con sus enormes contradicciones como toda obra humana, no es ajena a Dios y al Evangelio de Jesús... Jesús vivió la ocupación de su pueblo por el romano extranjero y fue testigo y actor de los esfuerzos de liberación nacional, tenaces y frecuentes de la nacionalidad hebrea... Aparentemente, José Miguel no tenía nada que ver con la religión y la Iglesia, pero sólo aparentemente. Yo estoy convencido de que José Miguel vivió intensamente los valores más fundamentales del Evangelio de Jesús. No los vivió, ciertamente, de forma religiosa y eclesial, pero sí laica y militantemente. Los valores del Evangelio son los de la crítica, la justicia, la liberación, la consecuencia hasta la muerte misma. Y José Miguel se identificó con las ideas y los valores básicos del Evangelio. En estos días José Miguel se ha identificado con la muerte de Jesús, que no fue una muerte religiosa, sino un asesinato político a manos del poder militar de ocupación... Con la liquidación de José Miguel vivimos hoy un trauma terrible, pero no nos dejemos robar la esperanza y el valor, porque la lucha en que ha caído nuestro gudari Argala tendrá éxito y conseguiremos ese Euskadi independiente, reunificado, socialista y euskaldún...».

# Los obispos

La influencia de los obispos en los movimientos nacionalistas del País Vasco ha sido siempre considerable. Y no sólo eso: los obispos vascos han sido también propagadores de la fe y de las influencias en territorios distintos —y a veces distantes— del suyo.

Durante siglos ha existido en las diócesis vascas una abundancia de vocaciones religiosas que contrastaba con la penuria de otras zonas españolas o de países situados en otros continentes. En el siglo XX, el porcentaje de obispos vascos en la Iglesia española —iy en la Iglesia francesa!— es muy superior al de cualquier otra región [2]. Pero en realidad lo importante no sería el número, sino la influencia, particularmente en el territorio donde ejercen su ministerio.

Como muestra, baste recordar el revuelo ocasionado por la homilía pronunciada el 24 de febrero de 1974, y divulgada después en letra impresa, por el obispo de la diócesis de Bilbao, monseñor Antonio Añoveros, titulada *Cristianismo, mensaje de salvación de los pueblos*. Basándose en textos extraídos de la encíclica de Juan XXIII *Pacem in terris* y en documentos de Pablo VI y del Concilio Vaticano II, pedía una organización sociopolítica que garantizase la justa libertad del pueblo vasco, en nombre de los derechos de las minorías étnicas a mantener su lengua propia, sus costumbres y sus expresiones culturales. La reacción airada del Gobierno central quiso forzar a Añoveros a dejar Bilbao, pero éste, tras una corta ausencia, regresaría el 12 de marzo, después de que 525 sacerdotes vascos mostraran su adhesión hacia sus postulados, y que la Comisión permanente del episcopado manifestara que Añoveros no pretendía atacar la unidad nacional ni sembrar la discordia.

En la etapa de la transición (1975-1980), la Iglesia española se caracterizó por haber desempeñado un papel pletórico de tino, equilibrio, sensatez y altura de miras, en la línea marcada por el que entonces la representaba, el cardenal Enrique y Tarancón. Su actitud fue decisiva para limar asperezas entre el conservadurismo todavía imperante y las nuevas corrientes democratizadoras que barrían de norte a sur, de este a oeste, el país. Este papel discreto y eficaz permitió que la gran mayoría aceptara aquel cambio como algo natural y deseable. Así como en el Ejército hubo más de una voz disonante —y hasta un intento involucionista, el del 23 de febrero de 1981—, en la Iglesia se mantuvo un temple que fue un factor de distensión decisivo para llevar a buen puerto el difícil periplo de la dictadura hacia la democracia.

---

[2] Los obispos vascos «invadieron» otras regiones, pero no a la inversa. Cuando en 1995 se nombró a un obispo no nacido en Euskadi para regentar la diócesis de Bilbao —monseñor Ricardo Blázquez—, éste tomó posesión el 29 de noviembre de 1995 en medio de un clima de hostilidad y sin asistencia de ninguna de las autoridades autonómicas o locales. Además, grupos de jóvenes radicales corearon toda clase de insultos. La historia se repetía: otros vascos, hace 500 años, cuando iba el obispo de Pamplona en el séquito de Fernando el Católico, al llegar al Señorío de Vizcaya le salieron a recibir —según cuentan las crónicas— porque, como pertenecía a la diócesis de Calahorra, contravenía sus leyes el que el obispo franquease sus límites. Y no sólo le echaron del Señorío, sino que las pocas huellas que había dejado, las borraron los vizcaínos cuidadosamente, no fuera a quedar contaminado su suelo.

Las pastorales de los obispos vascos han ejercido una influencia enorme en el espíritu de los feligreses, en los medios de prensa, en las reflexiones de los activistas, y en las decisiones de los políticos en el poder. Seguramente se ha escuchado, leído y analizado con mayor detenimiento una pastoral de un obispo vasco que un discurso o proclama de un diputado o un ministro.

# V
# LA ECONOMÍA

Fue en el último tercio del siglo XVIII, el «siglo de las luces», cuando germinaron en el País Vasco las ideas de progreso económico, social e industrial que iban a transformar una parte sustancial del territorio en un emporio de riqueza y desarrollo. En 1764 se constituye en Vergara la Real Sociedad Vascongada de Amigos del País, con el objeto de fomentar y perfeccionar las ciencias físicas y naturales, la agricultura y las artes [1]. Acuden allí eminentes científicos europeos, y los estudios de metalurgia y química se reavivaron con sus enseñanzas.

La naturaleza había sido pródiga en belleza y en verdor, en montañas y peñascos, en sinuosos riachuelos y en ruidosos torrentes, en bosques de hayas y robles (que los pobladores esquilmaron para abastecer a los astilleros de la costa, de donde salían aquellos galeones panzudos, más pensados para acarrear oro y plata que para combatir a las ágiles fragatas inglesas). Pero el suelo era pobre y la agricultura mísera, apoyada en unos instrumentos de labranza que seguían tradicionalmente los «adelantos» conseguidos en la antigüedad más remota.

Se sabía (pues abundaban las ferrerías, que obtenían pequeñas cantidades de hierro en hornos primitivos de carbón vegetal) que bajo aquel manto de hierba y hojarasca había mineral de hierro. Pero nadie había pensado que montañas enteras estaban formadas por aquel mineral, y que la evolución de la industria mundial, a partir de la máquina de vapor, iba a demandar cantidades ingentes de metales férricos, imprescindibles para el desarrollo del ferrocarril, para la construcción de los modernos barcos de hierro, que no de madera, o para los edificios y puentes metálicos que se alzaron por doquier en la segunda mitad del siglo XIX...

Nadie lo pensó, pero sí lo adivinaron aquellos precursores del apogeo fabril del País Vasco, que ya dedicaban al estudio del hierro la parte principal de sus actividades, y que descubrieron en 1783 un nuevo metal, el volframio, elemento fundamental para la industria del acero...

Carlos III declaró compatibles con la nobleza los oficios de curtidor, herrero, zapatero, minero,

---

[1] La Real Orden que aprobaba su creación decía que sus objetivos eran «cultivar la inclinación y el gusto de la Nación Bascongada hacia las Ciencias, las Bellas Artes y las Letras: corregir y pulir sus costumbres, desterrar el ocio, la ignorancia y sus funestas consecuencias, y estrechar más la unión de las tres Provincias Bascongadas de Álava, Vizcaya y Guipúzcoa».

etcétera, y el conde de Campomanes favoreció la creación de Sociedades Económicas del País por todas partes, Andalucía incluida. A principios del siglo XIX había 68 Sociedades, aunque ninguna alcanzó la relevancia de la de Vergara. El mérito de los hombres que impulsaron la vida económica del País Vasco en aquel tiempo es aún mayor si pensamos que a comienzos del siglo XIX el casco urbano de Bilbao se reducía a las Siete Calles, y el número total de habitantes era de 8.000 (cifra que tardó en duplicarse medio siglo).

Ya entonces habían conseguido los vizcaínos que se llevara a cabo la colosal obra de abrir una comunicación con Burgos a través de la Peña de Orduña: para ello contribuyeron por terceras partes el Señorío de Vizcaya, la Villa de Bilbao y el Consulado de Bilbao. Y se estableció un peaje, llamado entonces arbitrio, de ocho cuartos por cántara de vino foráneo, que había de pagarse al paso de las carretas por cada pueblo, además de una tarifa por el total del recorrido de ocho reales de vellón por cada coche o galera, y cuatro reales por cada carro con llantas menores de tres pulgadas de ancho. Un sistema muy similar al de las modernas autopistas, sólo que con dos siglos de adelanto, pues data de 1775, cuando el nuevo acceso de la Meseta quedó terminado.

Esta obra tuvo una importancia fundamental desde el punto de vista económico, pues consagró la hegemonía del norte de España, que podía encaminar sus riquezas por una vía que le abría las puertas del resto del país, sobre todo después de que se cerrara la vía de salida hacia el mar por Oporto, tras la secesión de Portugal. Castilla recibió las materias primas y los productos manufacturados de Bilbao a través de ese paso de

Orduña, y a la vez exportó por allí sus productos agrícolas y ganaderos (la tan apreciada lana de los rebaños de la Meseta) a toda Europa. Puede decirse que la cuenca del Ebro se unió a la del Duero, y los productos de ambas (entre ellos, los vinos de Rioja) encontraron su vía natural de exportación a través de su única salida al mar Cantábrico: el puerto bilbaíno.

La red de carreteras se completó a comienzos del siglo XIX con la de Bilbao a Durango, la de Bilbao a Bermeo, la de Bermeo a Durango, la de Elorrio a Elgueta, y otras muchas, cuyo altísimo costo fue sufragado en gran parte por el mismo sistema de peaje que se había implantado en el tramo Pancorbo-Bilbao, por Orduña.

El creciente auge de Bilbao propicia la creación de las primeras sociedades anónimas, cuando un promotor necesitaba agrupar capital y esfuerzos personales para emprender una ambiciosa aventura empresarial, que desbordaba sus posibilidades y las de su familia. Y la aparición de los primeros Bancos, de los que hablaremos unas líneas más adelante. Se unen así los nobles de las casas más linajudas con los nuevos burgueses de la minería y el comercio, y luego con los armadores y ferrones, y de esa unión nació una de las potencias industriales más pujantes de Europa.

## El hierro

Del mineral de hierro que hasta mediados del siglo XIX se extraía sin concesiones ni permisos, arrancándolo espontáneamente al monte comunal, se pasó en muy pocos años a la explotación masiva. Los miles de quintales que obtenían las numerosas y minúsculas ferrerías se contaban ahora por millones de toneladas. Los altos hornos de Baracaldo, y los de Inglaterra, necesitaban alimentarse con cantidades enormes de materia prima, pues la demanda de hierro y acero no cesaba. Desde 1876 hasta 1975, es decir, en un siglo, se extrajeron de las minas de Vizcaya 250 millones de toneladas; solamente en 1899, en la época de mayor esplendor, la producción de mineral fue de seis millones de toneladas.

Esta actividad enloquecida requería una abundante mano de obra, que afluía en constantes oleadas migratorias de los medios rurales del país y de otras regiones de España. Así se establecieron en el País Vasco braceros que trajeron a sus familias o crearon nuevas familias a través de la unión con personas nativas.

Los altos hornos —el primero fue el de la Sociedad Santa Ana de Bolueta, y empezó a funcionar en 1848— sustituyeron a las viejas ferrerías, de las que llegó a haber unas 400 a mediados del siglo XVI. Ya era entonces famoso el hierro de Bilbao, y las espadas bilbaínas, que se exportaban a toda Europa, merecieron las citas de Shakespeare en *Hamlet* y en *Las alegres comadres de Windsor*. El alto horno fue un descubrimiento del inglés Abraham Barley, que sustituyó el carbón vegetal por carbón de coque para fundir el mineral de hierro.

Otro horno alto fue levantado por los hermanos Ibarra en Baracaldo en 1854, y de ahí procede la sociedad anónima «Altos Hornos y Fábrica de Hierro y Acero de Bilbao», constituida en 1882, el mismo año en que empieza a funcionar, en los terrenos fangosos de Sestao, la sociedad «Metalurgia y Construcciones la Vizcaya», con hornos altos de coque y trenes de laminación.

La construcción del ferrocarril de La Robla a Bilbao en 1894 permitió explotar la cuenca carbonífera de Sabero, con capital vizcaíno.

Y es en 1902 cuando las dos sociedades antedichas, más la sociedad de los Echevarría y los Goitia, llamada Iberia, S. A., y dedicada principalmente a la fabricación de hojalata, se fusionan en la denominada «Altos Hornos de Vizcaya» (productora del 60 % del hierro español), que ha existido hasta nuestros días, y que promovió la fundación en Sagunto, en 1971, de «Altos Hornos del Mediterráneo».

Lo que se ha llamado «la gesta vizcaína del hierro» fue quizá el principal motor de una economía que, apoyándose en este metal, impulsó la construcción de ferrocarriles, astilleros, tranvías e industrias auxiliares, que van desde las locomotoras y los vagones hasta las bicicletas (aunque los vagones se fabricaron principalmente en Beasain, Guipúzcoa —por la Compañía Auxiliar de Ferrocarriles—, y las bicicletas en Eibar y Elgoibar, también en Guipúzcoa).

## La Banca

El ancho y profundo caudal económico generado por el desarrollo industrial fue canalizado a través de unas instituciones bancarias que pronto extendieron su poderío a todo el territorio nacional y a otros países.

Si bien es cierto que el primer Banco oficial del que se tiene noticia en el mundo nació en Barcelona en 1401, con el nombre de «Taula de Cambi i Deposito de Barcelona» (en la *taula*, mesa, se podía depositar el dinero y retirarlo cuando se considerara conveniente), y que el primer Banco comercial también se fundó en Barcelona en 1844, le cabe al Banco de Bilbao el privilegio de haber sido el primero en emitir papel moneda, desde 1857, y el de ser el decano de la banca española, pues el Banco de Barcelona, tras una azarosa existencia, quebró y desapareció en 1920, pese a cuantos esfuerzos realizó Francisco Cambó para garantizar su supervivencia.

La fundación del Banco de Bilbao obedecía a la necesidad de atender al movimiento mercantil de la pujante actividad industrial, así como a la custodia y administración de las fortunas con que contaban los capitalistas de la Villa. Una Villa de 18.000 habitantes en la que vivían, según datos de las autoridades, 85 millonarios (personas que poseían más de un millón de reales de vellón). Fueron seguramente varios de estos millonarios los que se reunieron en los salones de la Junta de Comercio para solicitar del Ministerio de Hacienda la autorización para constituir un Banco con el privilegio de emitir billetes en su jurisdicción provincial. Este privilegio jugó un importante papel durante las guerras carlistas, pues la autonomía del Banco ayudó a financiar la resistencia de la plaza, sitiada por los carlistas.

Este episodio tuvo su cariz un tanto grotesco, pues mientras el Banco financiaba la resistencia de los leales a la República, el general Serrano, duque de la Torre, hacía firmar al ministro de Hacienda, el escritor José Echegaray, el decreto-ley por el que se acordaba al Banco de España el monopolio de la emisión de billetes. Era precisamente el día de San José, onomástica del autor de *El gran galeoto*, de 1874, cuando el Banco de Bilbao perdió su derecho a emitir billetes, cosa que siguió haciendo durante el sitio de la ciudad, pues no se enteró de tal decreto —dictado a pocos kilómetros de distancia, en Somorrostro— hasta

que se levantó el sitio de la ciudad. Tras múltiples pleitos, en los que el Banco de España pretendió la liquidación y absorción del de Bilbao por canje de sus acciones, los créditos con que se había financiado a autoridades, Ayuntamiento y Diputación, fueron recuperados en su totalidad, y el Banco de Bilbao continuó su marcha financiera con nuevos bríos y un estilo más conforme con las exigencias del inminente siglo XX.

Un conjunto de prohombres bilbaínos se reunió el 26 de marzo de 1901 para fundar un nuevo Banco, que se llamó Banco de Vizcaya. Éste encaminó su actividad preferentemente al campo industrial, con admirables resultados, especialmente en las empresas relacionadas con la producción de energía eléctrica. Hidroeléctrica Española, Electra del Viesgo, Sevillana, Iberduero, por citar sólo algunas de las más importantes, fueron creadas o financiadas por el Banco de Vizcaya, cuyo Consejo de Administración influyó de manera notable en las decisiones de política energética que durante más de tres cuartos de siglo (y bajo distintos regímenes políticos) afectaron a dos tercios de la superficie peninsular. Recientemente, ambos gigantes de la Banca se fusionaron para constituir el BBV, Banco Bilbao Vizcaya, uno de los tres grandes de la Banca española, junto con el Central Hispano y el Santander-Banesto.

A principios de siglo, Bilbao, una ciudad de 30.000 habitantes, ofrecía, para respaldar esa fortaleza de su Banca, este panorama industrial: 22 grandes fábricas metalúrgicas transformadoras; 65 fábricas y talleres de fundición, reparación de buques, armas, platería, cables, vagones y tubos soldados; 2 grandes fábricas de papel, instaladas en Guipúzcoa (que se fundieron más tarde en La Papelera Española); 12 fábricas de tejidos; 20 fábricas de harinas; 18 centrales productoras de energía eléctrica; 25 fábricas de conservas; 22 fábricas de cemento y mosaicos; 5 grandes serrerías; y otras muchas industrias de diferente tamaño y variada producción: abonos, embalajes, cerveza, curtidos, licores, dinamita, muebles, vidrio, fósforos, etc.

## El segundo «boom» económico vasco

Tras los primeros años de penuria económica que sucedieron a la guerra civil, la prosperidad económica del País Vasco fue evidente. El general Franco había «castigado» a Vizcaya y Guipúzcoa, por el apoyo prestado a la República, con la supresión de la autonomía fiscal de la que gozaban; en cambio, la mantuvo en Álava y en Navarra, en consideración a la «lealtad» (al Alzamiento) que habían mostrado estas dos provincias. Pero el «castigo» a las provincias más industrializadas del norte no fue obstáculo para que se encontraran con una oportunidad de oro, gracias a la política de autosuficiencia industrial que el régimen impuso a partir de 1946. Ese período coincidió también con el final de la Segunda Guerra Mundial, y con el bloqueo que las Naciones Unidas decidieron contra el régimen español, lo que dificultó la provisión de determinadas materias primas o repuestos. Pero aun así, el hecho de que las instalaciones industriales vascas hubieran salido indemnes de la guerra fue decisivo para su puesta en marcha sin dificultades.

Todos los productos manufacturados contaban con un mercado asegurado, y cualesquiera que fueran su precio o calidad, se vendían en un mercado necesitado de todo y sin competencia exterior alguna, debido al bloqueo. Las pequeñas fábricas surgieron por doquier en Vizcaya y Guipúzcoa. Una política proteccionista, con fuertes subvenciones, ayudó a la expansión industrial del País Vasco. Incluso después de levantarse el bloqueo, los industriales vascos insistieron para que tal política proteccionista persistiese —y lo consiguieron— con el pretexto de que si se abría la mano a la competencia exterior, la débil estructura fabril de España se vendría abajo.

Tras el Plan de Estabilización de 1959-1962, se pusieron en marcha varios Planes de Desarrollo, de cuatro años de duración cada uno. Las zonas más deprimidas recibieron cuantiosas ayudas para levantar de la nada, o de la casi nada, los llamados Polos de Desarrollo Industrial. Ninguno de estos Polos se instaló en el País Vasco —que no se consideraba, ni mucho menos, una zona deprimida—, pero sí llegaron allí las ayudas financieras y fiscales concedidas a los sectores considerados prioritarios, es decir, el hierro, el acero y la construcción naval, que constituían el meollo de la industria pesada vasca. Esto se tradujo en una nueva era de auge económico, que duró hasta 1975 y cuyo reflejo vemos en algunas estadísticas reveladoras. Por ejemplo, la renta per cápita de las provincias vascas fue durante la dictadura franquista la más alta de España, aproximadamente un 50 % por encima de la media nacional.

El desarrollo industrial tuvo otra consecuencia de orden sociológico: la afluencia masiva de trabajadores del campo a las ciudades, y de las provincias más pobres a los prósperos cinturones industriales de las capitales vascas. Este aluvión inmigratorio superó con creces al que se había producido a finales del siglo XIX y comienzos del XX, cuando se dio un impulso capital a la industrialización masiva del litoral vasco, ayudado por dos factores externos de similar cariz: uno interno, la depresión que se abatió sobre España, debida a la pérdida de las últimas colonias; y otro externo, la Primera Guerra Mundial, que multiplicó en Europa las necesidades de productos manufacturados para sustituir a los que el conflicto bélico había destruido.

Entre 1955 y 1975 la población vasca aumentó un 60 %, mientras en el resto de España el crecimiento demográfico fue inferior al 20 %. Rentería, Elgoibar, Durango, por ejemplo, multiplicaron por tres el número de sus habitantes; y el pueblo de Ermua, en Vizcaya, los multiplicó por diez.

Una fuerte tendencia antiinmigratoria se manifestó a partir de los años sesenta, y en los años setenta la postura de los vascos frente a los *maketos* [2] se vuelve francamente hostil. Se conside-

ran dos mundos diferentes: el vasco, más arrogante, se cree superior, y trata al trabajador castellano como un ser inculto e inmoral, calificación esta última que es alentada desde los púlpitos por el clero, quejoso de que las familias inmigrantes deserten de los templos. El trabajador se siente hundido en los más bajos escalones del proletariado, sin posibilidades de promoción, pues los gerentes y administradores prefieren a los trabajadores vascos, que juzgan mejor preparados, y más serios y honrados. La reacción del maketo es a veces ofensiva, en particular cuando oye hablar euskera, y se siente más discriminado todavía, más desplazado del círculo cerrado que forma la sociedad vasca dominante. La integración, intentada por algunos grupos bienintencionados, no produce ningún resultado relevante. Incluso la vía del matrimonio es de difícil acceso, dada la tendencia vasca a mantener una genealogía autóctona, a la que sólo se sumen apellidos vascos.

[2] Hay diferentes versiones sobre el origen de la palabra *maketo*. Probablemente es una mala pronunciación del francés *métèque* (extranjero, advenedizo). También podría derivar del término castellano *maco*, esto es, hatillo, a causa de esos envoltorios de ropa que solían cargar al hombro o colgados de una vara los inmigrantes. Aparece durante las guerras carlistas, y éstos la aplicaban generalmente a todos los liberales.

# VI
# LA SOCIEDAD VASCA

En la sociedad vasca, y sobre todo en los ambientes rurales, se dan unas características que han sido muy discutidas por antropólogos y sociólogos, ya que en algunos casos coinciden con las de otros lugares de la geografía española, y en otros no son generalizables a todo el territorio vasco, sino que difieren de unas zonas a otras. Pero a la hora de encontrar rasgos comunes y específicos, puede decirse que éstos se manifiestan principalmente en la familia y en la comunidad rural.

## La familia

Se ha enfatizado mucho el carácter matriarcal de la familia vasca. Ya Estrabón, hace 2.000 años, había escrito: «Es costumbre entre los cántabros que los maridos entreguen dotes a sus mujeres, que las hijas sean las herederas y que el matrimonio de los hermanos sea decidido por las hermanas. Sus costumbres representan un cierto matriarcado...». Aún en nuestros días existe la idea generalizada de que la mujer (y más en concreto, la madre) detenta el poder decisorio en el hogar, y el varón es un personaje de segunda fila que se dedica a irse por ahí a cantar, a beber o a levantar piedras.

La realidad histórica difiere bastante de esa simplificación. El tópico del matriarcado ha nacido de dos hechos: la igualdad entre los cónyuges dentro del matrimonio, y la transmisión hereditaria sin discriminación de sexo, a diferencia de otras muchas regiones españolas donde ha imperado la línea masculina para mantener la cohesión del patrimonio familiar.

Este segundo punto es muy importante. En el trasfondo de la filosofía de la familia rige el principio económico de la transmisión del solar donde se habita, solar que ha de preservarse por encima de todo. Con ese fin, los padres hacen donación del hogar a la hija o al hijo que contrae matrimonio primero, para quedarse a vivir con la nueva pareja y dejar establecida la línea abuelos-hijos-nietos que les garantiza, de algún modo, la continuidad. La presencia de los abuelos (a quienes se llama *aiton, amon* —padre bueno, madre buena—, *aitajaun, amandre* —padre señor, madre señora—, y otras fórmulas siempre cariñosas y reverenciales) constituye un elemento peculiar de la familia vasca, aunque a lo largo de los tiempos se han producido muchos casos de total desprotección de los mayores, puestos literalmente en la calle por el yerno o la nuera, tras haber recibido éstos el legado del caserío. Y otras veces, cuando han tenido que compensar a los otros hijos con cantidades en metálico, se han quedado en la miseria y nadie ha acudido en su ayuda. El sistema, pues, de enraizar la propiedad a la descendencia tiene aspectos admirables desde un punto de vista teórico —uno de ellos, esa ligazón existente entre el nombre del caserío y la denominación de los miembros de la familia—, y otros de discutible eficacia desde el punto de vista práctico. Como dice muy bien Julio Caro Baroja, «lo idílico y lo sencillo no es casi nunca lo verdadero».

El otro aspecto interesante de la familia vasca es el del papel asignado a la mujer. Aunque hoy nos resulte extraño hablar de la equiparación de sexos como de algo excepcional, lo cierto es que a lo largo de la historia, y hasta fechas recientes, el papel de la mujer española en el matrimonio era de total sumisión al varón, y de una serie de limitaciones jurídicas, económicas y administrativas que la convertían de facto en una incapacitada, como si fuese una eterna menor de edad o una enferma mental. La mujer vasca (quizá por las razones económicas expuestas más arriba) ha sido tratada de igual a igual por sus parientes, empezando por su marido. Ambos, marido y mujer, aportan cuanto está en su mano para el mejor funcionamiento del hogar. Cuando es necesario, ella trabaja en el campo exactamente igual que un hombre; y éste colabora en las tareas de la casa —incluida la cocina, de la que es en ocasiones un experto—, sin considerar esto un desdoro a su virilidad. El lenguaje también ha marcado a fuego esta realidad: él es *etxekojaun*, el señor de la casa, y ella es *etxekoandre*, la señora de la casa. Cada uno en su papel, ambos en el mismo plano, y por encima de ellos, sólo Dios (a Dios se le llama *jaungoiko*, que literalmente quiere decir *el jaun* —señor— de las alturas).

La convicción de que el hombre no pierde un ápice de su mal llamado «prestigio» por dedicar parte de su tiempo a las labores domésticas entronca quizá con otra peculiaridad del País Vasco: la generalización del título de hidalguía a todos sus habitantes, sea cual sea el oficio que ejerzan. Este igualitarismo laboral no tiene parangón en ninguna otra región española. Un hidalgo castellano, sin ir más lejos, jamás se rebajaría a ejercer un trabajo manual, y preferiría morirse de hambre antes que caer tan bajo. «Los que viven por sus manos», que decía Jorge Manrique, sólo se igualan con los ricos después de la muerte, pero en esta vida serían unos villanos, pues todo trabajo envilece. Para los vascos, el trabajo ennoblece, y nadie mira por encima del hombro a otro porque tenga este o aquel oficio.

Otro factor determinante de ese carisma especial de la figura de la madre puede ser la muy extendida costumbre, durante siglos, de que los niños hasta la edad de 12 años, sean varones o hembras, estén más ligados a la madre y a los parientes femeninos que al padre y los parientes masculinos. Esto origina una patente influencia femenina en la educación, en la visión de la realidad, en el comportamiento social y en la mentalidad que marcará a los hijos para el resto de sus vidas.

En el terreno religioso, la mujer ha desempeñado un papel bastante peculiar en relación con otras comunidades, pues era frecuente en cada parroquia la figura de la *serorak* (del latín *soror*, hermana), entregada plenamente al culto, sin dejar por eso sus labores domésticas. La *serorak* era una especie de sacristana, que vivía cerca de la iglesia y se ocupaba de que en ésta todo estuviera en buen orden y aseo, y que no faltara de nada, en particular con ocasión de solemnes funciones religiosas. Como acólitos del sexo femenino, pervivieron hasta hace relativamente poco tiempo. En otras regiones también existieron, y el nombre de *ceroras* que recibían hacía alusión a la cera de las velas que constantemente manejaban y disponían en el templo, y no a su condición de hermanas en religión. En el País Vasco, en cambio, también se las llamó *freyras,* más claramente hermanas.

Al margen de la igualdad dentro del matrimonio, en la tradición sí ha habido numerosas muestras de preferencia en favor del varón. He aquí un ejemplo curioso: hasta el siglo pasado, el nacimiento de un varón se anunciaba en Guipúzcoa con tres campanadas, y el de una niña, con sólo dos, y para anunciar la muerte de un hombre se tocaban siete campanadas, y la de una mujer, con seis bastaba.

## La comunidad rural

Como afirma Roger Collins, «la supervivencia vasca no es el producto de una obstinada resistencia, sino que más bien descansa sobre ciertas estructuras básicas de su propia sociedad». Desde el Neolítico, los vascos han habitado en las mismas zonas que en la actualidad: todos los demás pueblos de España, y de Europa, son de instalación mucho más reciente y en ellos se mezclan varias razas. Esta impermeabilidad no se debe, como ya hemos indicado, a las barreras naturales de su territorio, sino a las barreras socioculturales de una forma de asentamiento tan sólida, que ni los invasores, ni los poderes centrales, han podido romper. Diremos más: esa granítica cohesión ha sido respetada por unos y por otros, como se respetaron los Fueros, hasta nuestros días.

La idea de aferrarse por encima de todo a la supervivencia de «la casa del padre» ha sido expresada con justas y bellas palabras por el poeta Gabriel Aresti en su obra *Harri ta erri,* de la que reproducimos la traducción de un fragmento:

«Defenderé la casa de mi padre. Contra los lobos, contra la sequía, contra la usura, contra la justicia... Perderé los ganados, los huertos, los pinares; perderé los intereses, las rentas, los dividendos, pero defenderé la casa de mi padre... Me moriré, se perderá mi alma, se perderá mi prole, pero la casa de mi padre seguirá en pie».

En el caserío, el dueño de la casa obtiene de la tierra y del ganado los alimentos (y de este último una fuerza motriz, un sistema de calefacción y una permanente producción de abonos orgánicos); del bosque, la leña, que le sirve para calentarse; también los troncos con los que construir, junto con la piedra que encuentra en las montañas de su entorno. Además de labrador, es ganadero, cantero, leñador... Él siega la hierba, transporta los materiales, abona la tierra, obtiene provisión de combustibles, cultiva los campos y el huerto, levanta las paredes de su casa o las repara, y fabrica el pan que consume su familia.

La agrupación fundamental de la sociedad vasca es, después de la familia, la vecindad (*auzoa*). Una vecindad constaba de varios caseríos próximos, cada uno de ellos compuesto de un establo para el ganado, encima del cual se hallaba la vivienda familiar, y un adosado para el forraje. La agrupación de varias vecindades formaba un municipio. Para participar en los asuntos públicos municipales era imprescindible el *status* de vecino, y este *status* sólo podía adquirirse mediante nacimiento o casamiento con alguien de un caserío de la vecindad. Los forasteros quedaban, pues, excluidos de la participación en los concejos abiertos municipales.

A partir de la dominación romana encontramos entre los vascos una organización en clanes divididos en linajes, a cuya cabeza figuraba un «pariente mayor» (buruzagi o aide nagusia). Los buruzagiak eran responsables de defender el territorio y la propiedad que correspondían a cada linaje. Esta defensa resultaba una obligación perentoria ante los continuados ataques de los sucesivos invasores: los visigodos, luego los francos, y más tarde los musulmanes, que llegaron hasta Pamplona. Aunque el enemigo tenía una organización militar más entrenada, más disciplinada y mejor armada, los buruzagiak consiguieron disponer de pequeñas unidades bien equipadas, con las que defendían cada palmo de un territorio que conocían muy bien. El aislamiento y la fortificación de las heredades, unidos a la ósmosis que se producía entre ellas, combinaba el encastramiento —cuando la ocasión lo aconsejaba— con el rápido desalojo de un conjunto de familias, que se escondían provisionalmente en el espeso boscaje. Pasó a la historia un jefe de linaje llamado Íñigo Aritza, cuya autoridad fue reconocida por varios clanes vascos.

En Álava, la estructura política central era la asamblea conocida como la Cofradía de Arriaga, nacida en torno al año 1000. La formaban representantes del clero, la nobleza y los pequeños terratenientes. Los campesinos sin tierras, llamados collazos, estaban excluidos. La Cofradía resolvía las cuestiones administrativas y de propiedad, y nadie podía fundar un pueblo o una villa sin que la Cofradía le concediera las tierras. La Cofradía se disolvió en 1331 y Álava se integró voluntariamente en Castilla.

La evolución en Vizcaya es parecida: hacia el año 1000 surge una organización señorial, que pervive durante varios siglos. Los notables locales elegían al señor de Vizcaya, quien les proporcionaba protección militar. El primer señor conocido de Vizcaya fue Íñigo López, elegido durante el reinado de Sancho el Grande. Su segundo hijo, Lope, prestó lealtad al rey de Castilla, y a cambio fue recompensado con el feudo de Haro. Los López de Haro fueron señores de Vizcaya durante casi tres siglos, hasta que en 1379, por la boda de la heredera del señorío con Enrique II de Castilla, el título de señor de Vizcaya se unió al de rey de Castilla.

En Guipúzcoa había también unas cabezas de linaje locales, antes incluso del segundo milenio. Éstos se reunían para tomar decisiones de más amplio alcance en las asambleas generales. El último monarca navarro que gobernó Guipúzcoa fue Sancho el Sabio, que fundó San Sebastián. En 1200, Alfonso III de Castilla anexionó pacíficamente Guipúzcoa.

Tanto en Guipúzcoa como en Vizcaya había dos tipos de concejos: los concejos cerrados de las villas reales o señoriales, y los abiertos, de las anteiglesias o universidades. Las anteiglesias eran juntas de varios concejos que se celebraban en el atrio de un templo determinado, presididas por unos regidores, que habían sido elegidos por diversos procedimientos: sufragio universal en algunos concejos, propuesta de los regidores salientes, rotación, o sorteo. En Navarra, las entidades que se reunían no eran los concejos sino los «valles».

Las Juntas generales se celebraban a solicitud de los «parientes mayores», cuando había algún problema de importancia o un acontecimiento al que había que prestar especial atención: así, por ejemplo, tomar juramento al nuevo señor bajo el árbol de Gernika o el de Arechabalaguna. En cinco cumbres se encendían otras tantas hogueras y se tocaban cinco grandes bocinas para anunciar la celebración de la Junta. Eran estas cumbres las de Gorbea, Oiz, Sollube, Ganecogorta y Colisa. La Junta era presidida por el señor (y posteriormente por el rey, cuando éste pasó a ser el señor, como ocurrió en Vizcaya a partir de Enrique II, o en Guipúzcoa a partir de Alfonso III), quien, para mantener su autoridad, se hacía rodear de altos funcionarios: un corregidor y sus tenientes; un prestamero mayor con un lugarteniente, y un merino de cada merindad, con sus correspondientes lugartenientes. La merindad era una división del señorío. Así, en Guipúzcoa llegó a haber ocho merindades: Busturia, Uribe, Arratia, Zornoza, Bedia, Marquina, Durango y Orozco.

## La nobleza universal vasca

Tres factores incidieron en la concesión del *status* de hidalguía a todos los residentes de Vizcaya (a partir de 1526) y de Guipúzcoa (desde 1610):

— la presión de la hermandad de Guipúzcoa desde el siglo XIV, con el fin de cortar de raíz los abusos de la aristocracia, así como la constante inestabilidad de que hacía gala aquel señorío, hasta entonces tan pacífico;
— la influencia de los vascos que servían en la corte de Carlos I, y que habían sido llamados por su calidad de buenos administradores y buenos escribanos (curiosamente, la región considerada poco menos que salvaje, a causa de la lengua materna, el euskera, y que merecía burlas por el uso inadecuado del castellano —recuérdese la cita del Quijote—, fue siempre un vivero de excelentes calígrafos, apreciados oficinistas y competentes notarios);
— la necesidad de dar salida por la vía de la emigración a una población procedente de familias numerosas (era frecuente tener nueve o diez hijos) que sólo podía dar sustento, según las leyes y costumbres locales, al primogénito o primogénita y, en el mejor de los casos, a uno o dos hermanos que se quedaban en la casa en un régimen de casi servidumbre.

Este último factor fue decisivo para que todos los vascos, al disponer de un *status* de nobleza, pudieran integrarse en el personal de la administración estatal, no sólo en la corte, sino en las Américas, en Flandes o en cualquier parte del vasto Imperio de los Habsburgo.

Los servicios administrativos de los vascos en la corte repercutían luego en la economía de su país. Su influencia se apreciaba sobre todo a la hora de introducir modificaciones en el régimen foral, modificaciones que por lo general eran favorables al País Vasco. Esto conducía a una situación de armonía y colaboración con el poder central, que favorecía a ambos, y que evitó cualquier confrontación hasta el estallido de la primera guerra carlista.

La condición de nobles conllevó, sin embargo, ciertas restricciones ligadas a razones culturales o económicas. Así, el mismo año en que los vizcaínos obtuvieron el *status* de nobleza, la Ordenanza de Azpeitia regulaba que los que no fueran propietarios no podían ser nombra-

LA SOCIEDAD VASCA

dos alcaldes del consejo municipal. No hay que olvidar que por aquel entonces la mayor parte de los campesinos no eran propietarios de sus tierras: a mediados del siglo XVIII, más de la mitad de los campesinos eran agricultores con tierras arrendadas, y la situación empeoró incluso a comienzos del siglo XIX, pues sólo un tercio de los campesinos eran propietarios de las tierras que cultivaban.

La introducción de las cualificaciones de propiedad llamadas millares (que incluían una cierta cantidad de bienes inmuebles —unos 400 ducados—, *status* de vecindad, probada nobleza —es decir, un proceso oficial largo y costoso para demostrar que se era suficientemente noble—, y saber leer y escribir) empeoró más la situación, pues se privaba de los derechos civiles a quien no alcanzara tales baremos ni superara tales pruebas. En Azpeitia, con una población de 5.000 habitantes, sólo una centésima parte (unos cincuenta) reunían los requisitos millaristas que les permitían participar en las asambleas locales. Y las Ordenanzas de Rentería de 1606 establecieron que para poder aspirar a un cargo público había que poseer bienes inmuebles por valor, al menos, de 100.000 maravedíes para cargos importantes, y de 50.000 para cargos intermedios. Otro requisito que se exigió a nivel provincial fue la capacidad de leer y escribir en castellano, como ocurrió en Gordejuela (Vizcaya), donde después de esa exigencia de las Ordenanzas de 1548 se acabó por establecer, en 1671, que sólo los regidores —una especie de concejales— estaban facultados para elegir a los alcaldes, con lo que de hecho se acababa con el sufragio universal.

Estas artimañas legales, con las que los terratenientes, los nobles y los descendientes de los linajes más arraigados, pretendían mantener sus privilegios, no fueron obstáculo para que la idea de igualdad prendiera fuertemente en el pueblo vasco. En su cultura, la idea de que todos los vascos son iguales se transmitió de padres a hijos, lo mismo que la idea de que no existen oficios deshonrosos y de que todos los vascos valen igual (*berdin-berdin*, igual-igual), sea cual sea su trabajo o su posición económica.

Pero no es ocioso señalar que esta igualdad pronto sirvió de barrera para admitir a las personas procedentes de otras vecindades (en el caso de las parroquias) o de otras regiones. Ya en 1527 la Junta general de Cestona había declarado que «nadie que no tenga el *status* de nobleza podrá ser admitido en los pueblos de esta provincia de Guipúzcoa», y en otros lugares se llegó a más: a expulsar a cuantos no fueran nobles o no pudieran demostrar su nobleza. Esto llevaba consigo un freno a la inmigración española y francesa, y una discriminación casi racista, pues no era posible asentarse en el país, ni trabajar, ni siquiera residir ocasionalmente, a quien no fuera vasco o persona de acrisolada aristocracia.

Esta mentalidad cristalizó siglos más tarde en la ideología de Sabino Arana, para quien la función central del nacionalismo vasco era «la lucha contra la invasión de los maketos». Los *maketos* —inmigrantes españoles— eran por naturaleza inmorales e impíos, subvertidores de los valores vascos, destructores del orden religioso y social y, en definitiva, antivascos. Arana utilizó el término despectivo *Maketania* para designar a toda la Península Ibérica, excepto Portugal y el País Vasco.

Incluso en nuestros días, según ha comprobado en sus trabajos sobre el terreno Marianne Heiberg, los vascos siguen considerando un valor fundamental la conservación de la genealogía autóctona. «Los vascos están obsesionados por sus apellidos —le dijo un abogado a la autora—. Cuantos más apellidos vascos tiene una persona, más orgullosa se siente... Te casas con una vasca para transmitir a tus hijos una sangre vasca sin mezcla». Y una mujer vasca se lo confirmó: «Casarse con un maketo aquí es como casarse con un judío en Mallorca».

# VII
## LA POLÍTICA

## El nacionalismo vasco

Los nacionalismos son un producto de la época romántica, una exaltación de los valores ancestrales (costumbres, ritos, apego al paisaje, inmovilismo, creencias religiosas...) y culturales (música, danza, arquitectura, literatura...), componentes esenciales de lo más entrañable y diferenciador de cada pueblo. En vez de los elementos comunes y unificadores, se buscaron e impulsaron en toda Europa los elementos diferenciadores, que en algunos casos se confundían con un cierto tipismo y en otros perforaban con bisturíes generalmente oxidados las profundidades del alma colectiva. No cabe duda de que sin la difusión de las composiciones de músicos nacionalistas noruegos, suecos y finlandeses, los pueblos escandinavos seguirían siendo para los europeos del siglo XIX unos remotos y sombríos países castigados por la madre Naturaleza a no conocer apenas el sol y a masticar el frío; y otro tanto podría decirse de los húngaros, los polacos o los varios y variados pueblos eslavos: unos bárbaros, hablando en síntesis, que se negaban a adaptarse a la cultura imperante, dictada desde los salones de París o desde los clubes filosófico-científicos de Londres.

También en la literatura los nacionalismos jugaron un importante papel, al ahondar en la pretendida virginidad de los ambientes rurales. Lo pintoresco de los pueblos cercanos y lo exótico de los pueblos lejanos fue ganando adeptos, movidos unos por un afán científico o vulgarizador y otros por simple curiosidad o entretenimiento deportivo (una forma de salir del aburrido *spleen* —melancolía— en donde las conciencias románticas acostumbraban mecerse mientras deshojaban la margarita de Fausto o la de Wherter).

Los vascos tuvieron su autor de novela rural en la figura del cura Juan Antonio Moguel, autor de *Peru Abarca*, un rusoniano canto a las excelencias del aldeano primitivo, defensor de los valores de la familia, el idioma, la religión y el terruño labrado con sudor. Después vinieron los ardores bíblicos de otro sacerdote, Pedro de Astarloa, y la preocupación por la limpieza étnica de Larramendi, y el iluminismo del francés Chaho, y el historicismo barato de Navarro Villoslada (autor de *Amaya*), y la visión bucólica de Antonio de Trueba.

El papel de la música como animadora del fervor patrio lo encarnó José María Iparraguirre, quien tras vivir la revolución de 1848 en París, compuso en Madrid el himno al árbol de Gernika (el *Gernikako arbola*),

61

LOS VASCOS

símbolo de la fidelidad vasca a la tradición foral. Su interpretación provocaba oleadas de entusiasmo, y miles de personas se despojaban de las boinas en señal de devoción y levantaban los brazos para jurar morir por las santas leyes de sus padres.

## Sabino Arana

Pero quien aprovecharía toda aquella corriente emocional y la transformaría en una estructurada corriente ideológica y política fue un hombre apasionado por todo lo vasco menos por la canción *Gernikako arbola:* Sabino Arana y Goiri, nacido en Bilbao en 1865, hijo de un propietario de buques y astilleros, carlista intransigente, que le llevó al exilio en Bayona unos meses antes de que se rindiera Bilbao a los liberales y se pusiera fin a la segunda guerra carlista.

Sabino Arana es un exaltado del siglo XIX que no distingue bien dónde empieza el patriotismo y dónde acaba el racismo. En plena crisis social, en los últimos 25 años del siglo XIX, se produce en Bilbao una reacción política y fundamentalmente étnica que más tarde se extiende a las otras provincias vascas. El comienzo del nacionalismo vasco no tiene nada que ver con una reacción contra la administración central, sino que nace de las nuevas relaciones socioeconómicas surgidas de la modernización. La primera revista nacionalista se llamó *Bizkaitarra* (*El Vizcaíno*), y no *El Vasco*. Como hemos señalado en otro lugar, el resentimiento rural hacia las nuevas clases que emergían como producto de la Revolución industrial no se basaba en una reivindicación euskalduna, sino en un rechazo de la lengua vasca, que impedía a los campesinos salir de su atraso y subirse al carro del industrializado nuevo siglo.

Sabino Arana, que se hizo abogado, tenía un carácter reservado y una constitución física delicada. Del carlismo de su familia heredó su fanatismo religioso y su odio a la industrialización y a la sociedad moderna y liberal. Vizcaya, para él —o Bizcaia, como solía escribir—, había caído en el deterioro moral, político y étnico, por culpa de estos tres factores: la industrialización (léase el progreso), el liberalismo (a quien llamaba Arana «ese hijo de Satanás») y los maketos (ya hemos tenido ocasión de hablar de estos «invasores», según la mentalidad de Arana). La auténtica Vizcaya era la vascohablante, rural, foral y antiburguesa. «Si Bizcaia fuese pobre y sólo tuviera campos y ganado, entonces seríamos patriotas y felices», escribe aquel retrógrado exaltado en un artículo titulado «¡Caridad!».

Es cierto que el campesinado había salido traumatizado de las guerras carlistas, que representaban el fin del viejo orden y el advenimiento de una sociedad diferente. Una sociedad semimedieval en sus costumbres (según García de Cortázar) se vio enfrentada a un proceso de abolición de los Fueros y a la irrupción de los inmigrantes, traídos por la intensa y rápida industrialización, y esto produjo en ellos una actitud inmediata de defensa étnica y racial.

Sabino Arana, desde su atalaya bilbaína, captó enseguida este proceso, lo hizo suyo y lo convirtió en doctrina, doctrina que, sorprendentemente, sigue vigente, cuando tantas doctrinas de aquella época, y de otras posteriores, se las ha llevado el viento (¿quién se acuerda del regeneracionismo de Joaquín Costa?, ¿quién de Giner de los Ríos y los krausistas?, ¿quién de Marcuse?: sólo los vascos son capaces de acordarse todos los días de sus megalitos). Arana se aferró a la idea de agresión que estaba sufriendo el País Vasco —y menos mal que no conoció la televisión, o la informática— para elaborar un cuerpo doctrinal que calificó —o lo calificaron— de conciencia nacional vasca. Su labor incansable de proselitismo obtuvo pronto un reguero de seguidores, tanto en el ámbito rural como en el urbano. En la estela de los más iluminados patriarcas religiosos, no sólo arrastró a las masas con su verbo, sino que definió los elementos básicos del nacionalismo (que no eran otros que raza, lengua, costumbres y leyes ancestrales), adoptó e impuso para siempre el nombre de Euskadi (que él inventó, escrito con zeta: Euzkadi), trajo la bandera vasca, o ikurriña, y también el himno nacional *Gora ta gora,* todavía vigente. Fue, en suma, el fundador de toda la simbología nacionalista, y de un pensamiento emocional que tendría su encuadramiento en el partido JEL *(Jaungoikua eta Lagizara,* Dios y las antiguas leyes), del que nació el Partido Nacionalista Vasco), y su argumento de combate en la necesidad de preservar los valores vascos frente a los Estados agresores: Francia y España.

El éxito de sus teorías quizá se base en la exaltación de la idea de independencia política, cuyo estandarte doctrinal era la revista *Bizkaitarra,* desde la que volcó virulentos ataques a los españoles y en especial a los maketos invasores, postura que le ocasionó un corto período de encarcelamiento. El escaso éxito de sus teorías fuera del ámbito pequeñoburgués del Nervión y de los antiguos militantes carlistas de los medios rurales, le hizo circunscribir sus llamamientos independentistas al área de Vizcaya, con un cierto alejamiento hacia la posibilidad de un independentismo vasco que comprendiera las siete provincias.

## El nacionalismo después de Arana

La fuerza y la pervivencia del mensaje de Arana radicó en los elementos políticos que contenía. La creación del partido JEL, el acierto de su lema «Dios y antiguas leyes», el nombre de Euskadi para designar el país, el himno nacional —que es el oficial actualmente— y la bandera. Éstos son, por encima de sus ideas a menudo discutibles y en ocasiones insostenibles, los mimbres con los que se tejió la aspiración a la independencia que latía en los ventrículos del corazón vasco.

El nacionalismo así entendido encontró su caldo de cultivo en el miedo de los empleados y los campesinos acomodados al cambio crucial que la arrolladora industrialización había introducido en una sociedad proclive al quietismo y la solidez institucional. Para las clases medias, la postura de los burgueses que se habían enriquecido fácilmente era suicida, pues tal enriquecimiento se había producido en gran medida a costa de destruir los valores esenciales del alma campesina, y de admitir riadas de proletarios «extranjeros» que no se identificaban en absoluto con las tradiciones seculares y sí con las nuevas corrientes destructoras del socialismo revolucionario.

Estos planteamientos coincidían en mayor o menor medida con el exaltado «patriotismo» (hoy lo llamaríamos patrioterismo) de Arana.

Los nuevos dirigentes del Partido Nacionalista Vasco supieron ver, a principios del siglo XX, que si el partido quería ser fuerte tenía que ampliar su base y arraigar en los municipios, aunque esta nueva política llevara aparejadas concesiones a las ventajas de la industrialización como fuente de riqueza y de mejora de las condiciones económicas de todos los vascos. Este mensaje, que no destierra, sin embargo, el culto a lo tradicional y el afianzamiento de las creencias religiosas, ejemplifica lo que se ha llamado «ambiguo sincretismo de los nacionalistas vascos, mezcla de campanario de aldea y consejo de administración» (F. García de Cortázar).

Un grupo liberal intentó, en 1910, la aconfesionalidad del partido y la conversión al republicanismo. Tras su expulsión, fundaron Askatasuna, que no conseguiría adeptos y desaparecería rápidamente.

Poco después se crearía el sindicato Solidaridad de Trabajadores Vascos [1], con el que se pretendía contrapesar la influencia socialista en los medios obreros. Su mensaje era el del vasquismo a ultranza y el rechazo del «capitalismo absorbente», que debería dejar paso a un espíritu de cooperación con «los buenos patronos vascos». A esto se unía un rechazo visceral de la influencia marxista, considerada un extranjerismo comparable a una invasión larvada.

La corriente autonomista recibió su espaldarazo en el Congreso de la Unión de Nacionalidades de Lausana en 1916, que proclamó el derecho a la autodeterminación de las comunidades aglutinadas por factores biológicos, geográficos o históricos.

En el terreno electoral, el Partido Nacionalista Vasco (llamado desde 1916 Comunión Nacionalista) obtuvo buenos resultados en Vizcaya y prometedores en Guipúzcoa, en las elecciones de 1918. Pero poco después, en 1920, empezaron a abandonarlo los monárquicos, que fundaron la Liga de Acción Monárquica, con el fin de agrupar a toda la derecha vasca. En 1921 se produjo el cisma encabezado por Eli Gallastegui y Luis Arana, hermano del fundador, que crearon un nuevo Partido Nacionalista Vasco, de cariz mesocrático y a la vez independentista. Hubo de disolverse bajo la dictadura de Primo de Rivera, quien promulgó en 1923 su famoso «decreto contra el separatismo».

El forzado alejamiento de la política llevó a los nacionalistas a concentrar sus energías en la organización de actos culturales, que tenían siempre el hecho diferenciador vasco como argumento. Se poblaron los actos públicos de coloristas trajes regionales, de *txistularis y de dantzaris*, se propiciaron las celebraciones gastronómicas, se incitó a los jóvenes a encuadrarse en los *mendigoitzales*, o montañeros que hacían ostentación en las escaladas de su superioridad racial, y se impulsó la creación de asociaciones de mujeres, las *Emakume Abertzale Batza*, que fueron erigidas en madres del sentimiento nacionalista del pueblo vasco. Así fue pasando la dictadura primorriverista, sin olvidar la creciente politización del clero, especialmente los curas rurales. Como una confirmación de ese maridaje entre nacionalismo y religión, el Aberri Eguna (día de la patria vasca) se hizo coincidir desde entonces con el Domingo de Resurrección.

Tras la caída de Primo de Rivera reverdeció el fervor nacionalista, y en Vergara —¿dónde,

---

[1] STV. Más tarde se utilizaron las siglas de la traducción en euskera: *Eusko Langille Alkartasuna* (ELA). Modernamente, se antepusieron las siglas en euskera a las siglas en castellano, y así se denomina el sindicato: ELA-STV.

si no?— se reunificaron los dos partidos, bajo el nombre primitivo de Partido Nacionalista Vasco, aunque quince días después un grupo de disidentes creó Acción Nacionalista Vasca, con un programa que tenía mayor amplitud de miras que el PNV, pues pretendía aglutinar a todas las fuerzas nacionalistas del Estado español. Otra característica de este movimiento fue su separación de la Iglesia, aunque sus postulados no podrían ser calificados de anticlericales (sus líderes principales eran católicos practicantes). Sus tendencias socialdemócratas convirtieron a ANC en el fermento del nacionalismo de izquierda que surgiría en la segunda mitad de este siglo.

Con el advenimiento de la República, también el Partido Nacionalista Vasco se distanció del integrismo eclesiástico. Hombres como Leizaola o José Antonio Aguirre antepusieron la democracia a cualquier consideración jerárquica, la autonomía a la confesionalidad, el sentimiento social a la influencia del poder económico y a los privilegios del clero. Aguirre, que era alcalde de Getxo (Guecho), puso en marcha un movimiento de alcaldes vascos que propugnaban una república vasca en el marco de una República federal española. Bajo su inspiración, la Sociedad de Estudios Vascos redactó un Estatuto de Autonomía que fue aprobado en Estella por 427 alcaldes (entre los que no se encontraban los de las más importantes ciudades vascas), de un total de 548.

Las Cortes de la República comenzaron en julio de 1931 la redacción de la Constitución, y cuando en octubre se aprobó la separación de la Iglesia y el Estado, Aguirre y otros 38 diputados abandonaron el hemiciclo, con el firme propósito de no colaborar más en el período constitucional del Estado español.

Es cierto que no colaboraron, pero sí se adhirieron al Estatuto de Autonomía que se derivaba de aquella Constitución republicana, cuyo tinte laicista no les gustaba. El primer Estatuto aprobado fue el de Cataluña. El del País Vasco, llamado «Estatuto de las Gestoras» [2], fue aprobado mayoritariamente en Vizcaya y Guipúzcoa, y no alcanzó la mayoría requerida en Álava. Navarra lo rechazó desde el primer momento (bajo el lema «Estatuto, no; Fueros, sí»), rechazo significativo, pues, tres años más tarde, los requetés de Navarra serían una de las fuerzas más activas en el levantamiento del general Franco con el que se inició la guerra civil.

Tuvo que llegar el triunfo del Frente Popular en 1936 para que el Estatuto de 1933 volviera a las Cortes y fuera convalidado según la propuesta de una comisión que presidía Indalecio Prieto y de la que Aguirre era secretario. Los nacionalistas vascos, ya decididos a aliarse con las izquierdas para sacar adelante el Estatuto, votaron favorablemente la candidatura de Azaña a la presidencia de la República. Estas componendas del PNV con el Frente Popular hicieron exclamar a un obispo: «El nacionalismo vasco ha caído en contubernios vergonzosos con izquierdistas».

Al estallar la guerra civil, Vizcaya y Guipúzcoa se mantuvieron leales a la República; Álava

---

[2] Las gestoras eran las comisiones que se habían constituido para administrar las Diputaciones. La única Diputación que se regía por un sistema diferente —sus miembros eran elegidos democráticamente por los alcaldes— era la de Navarra, en virtud de los privilegios forales refrendados por las Cortes en 1934.

y Navarra, en cambio, se alinearon con los militares sublevados. Esto produjo una primera y grave división entre los nacionalistas. La segunda, no menos grave, tuvo como espoleta la sangrienta reacción de las milicias frentepopulistas, que se ensañaron con personalidades de derechas y con muchos sacerdotes. Los peneuvistas, que eran sus aliados, no podían contemplar sin horror aquellas matanzas —entre las que destacó por su crudeza la de la cárcel de Ondarreta—, y sólo se sintieron un tanto confortados espiritualmente cuando el bombardeo de Guernika puso en el platillo de la balanza franquista un montón de despojos de sangre inocente.

Los obispos de Vitoria y Pamplona hicieron pública una pastoral sobre el carácter religioso de la guerra, en la que se acusaba a los nacionalistas vizcaínos y guipuzcoanos de «hacer causa común con enemigos declarados, encarnizados, de la Iglesia». El PNV no modificó por ello su postura, sino que en septiembre de aquel primer año de guerra, Aguirre y Basterrechea fueron encargados de trasladarse a Madrid para negociar con Prieto la inmediata entrada en vigor del Estatuto, con el fin de que «Euskadi resista las embestidas franquistas».

El 1 de octubre de 1936 el País Vasco (aunque reducido a las provincias de Vizcaya y Guipúzcoa) tuvo por primera vez en su historia su propio gobierno, cumpliéndose así la ancestral aspiración a la soberanía, que el lehendakari Aguirre juró preservar ante el árbol de Guernika el 7 de octubre, mientras algunos exaltados coreaban: «Estatuto, no; independencia, sí».

La muy corta «soberanía» —pues sólo duró ocho meses— fue pródiga en grandilocuentes manifestaciones y en ambiciosas decisiones: creación de la Universidad vasca, acuñación de moneda, apoyo a la enseñanza del euskera, obligatoriedad de la educación física en las escuelas para hacer más patentes «las aventajadas características raciales», y creación de una policía y un ejército propios. Éste se componía de 90 batallones, que fueron incorporados al Ejército del Norte de la República, pero el lehendakari Aguirre se negó a esa incorporación, argumentando que estaban al servicio exclusivo del Gobierno de Euzkadi. A estas medidas se unió un despliegue de himnos, honores y burocracia, que asemejaron al efímero Gobierno vasco a una fastuosa corte. Cuando Bilbao cayó, en junio de 1937, en manos de las brigadas navarras del ejército franquista, el gabinete vasco fue trasladado a Valencia, y las autoridades centrales descubrieron con estupor que la presidencia del Gobierno vasco tenía más funcionarios que la presidencia de la República española.

## Los vascos en el exilio

Juan Ajuriaguerra había pactado la rendición con los italianos, a quienes se entregaron en Laredo y Santoña los batallones peneuvistas del ejército vasco. Comenzó entonces para dirigentes, afiliados y simpatizantes de los partidos que habían apoyado a la República un penoso exilio, agravado por el dominio nazi en Europa durante los primeros años de la segunda Guerra Mundial. El Gobierno francés había sido al principio tolerante con los refugiados vascos, y permitió la creación en Bayona de un Consulado de Euskadi, el funcionamiento en Biarritz de un hospital para heridos de guerra, así como un campamento en Saint-Jean-Pied-de-Port (al pie de Roncesvalles) para niños exiliados, y en Anglet una residencia para mujeres y niños. Todos los refugiados eran atendidos sin distinción de partido, ideología o militancia política.

Pero al ser invadida Francia por los nazis se endurecería la situación. Muchos de los refugiados fueron evacuados hacia América y otros expulsados al norte del río Loire. En 1940 se iniciaron las deportaciones hacia el campo de concentración de Gurs, y los locales del Consulado, donde residía el Gobierno de Euskadi en el exilio, fueron cerrados por el Gobierno del mariscal Pétain. De todas formas, en París funcionó una delegación nacionalista vasca que mantuvo una relación fría y distante con el Gobierno de Vichy, durante el dominio alemán.

Mientras tanto, en Londres, Manuel de Irujo, diputado nacionalista que había sido ministro de la República, organizó un Consejo Nacional Vasco que llegó incluso a redactar una Constitución vasca —con Navarra incluida— en un ambicioso proyecto de Confederación Ibérica. Irujo puso a disposición de De Gaulle un batallón vasco de 150 hombres, como aportación a la liberación de Francia.

José Antonio Aguirre había emprendido en 1941 el camino de América, y no veía con buenos ojos las iniciativas de Irujo. Sin embargo, al acercarse el final de la guerra, Aguirre, que residía en Estados Unidos, ensalzó el papel de la brigada vasca de 300 hombres que participó en los últimos combates de la Gironde. Precisamente en 1945, acabada la guerra en Europa, el día del Aberri Eguna lanzó Aguirre desde Nueva York este mensaje: «Este año volveremos a nuestra patria». Aguirre no volvería ni ese año ni ningún otro. El 26 de marzo de 1960 moriría súbitamente en San Juan de Luz, en cuyo cementerio fue enterrado. Ante su cadáver juró su cargo el nuevo presidente, Jesús María de Leizaola.

A donde sí volvió Aguirre en 1945 fue a Europa, y en Bayona celebró la primera reunión de su Gobierno. Estaban representados en el Consejo Consultivo todos los grupos políticos, incluido el Partido Comunista de Euskadi, así como los sindicatos UGT, CNT y STV. Se trataba de aglutinar a todas las fuerzas democráticas y antifranquistas, con el fin de emprender una acción política integrada en el contexto internacional (esto es, en el bando de los Aliados, y con el apoyo de Estados Unidos) y con exclusión de la lucha armada. Sin embargo, se organizaron algunos grupos en la frontera pirenaica, entrenados por instructores americanos, para efectuar acciones de comando en el lado español de la frontera.

Pero dos años más tarde ninguna acción subversiva había sido intentada, y los grupos, mal alimentados y peor informados, recibieron de labios de Leizaola, a la sazón Consejero de Hacienda y Justicia del Gobierno vasco en el exilio, la orden de disolverse. Aquel mismo año 1947 una huelga general movilizó a 60.000 trabajadores en Vizcaya y Guipúzcoa, lo que sigue haciendo concebir esperanzas al Gobierno de Aguirre —dominado por el PNV y el PSOE— de una próxima caída del régimen franquista.

Con el paso del tiempo y el cambio de postura americana respecto a los países del Este (Estados Unidos pasa de ser antifascista a ser anticomunista), con el comienzo de la guerra fría, el régimen franquista se ve fortalecido, y las posibilidades de regreso de los exiliados se van convirtiendo en una cada vez más remota quimera. Simultáneamente, en las Navidades de

1947, Aguirre lanza un mensaje en el que marca sus distancias con los comunistas y afirma con contundencia que «Euskadi está plenamente adscrita, por tradición y por formación actual, a la civilización cristiana de Occidente».

En mayo de 1948, en el curso de una tormentosa reunión en la Delegación de París, los comunistas son expulsados del Gobierno vasco. Aquel mismo día los consejeros pertenecientes al PSOE habían hecho llegar al presidente Aguirre una carta que era toda una declaración de ruptura. Comenzaba así: «Señor Presidente: Interrumpidos, desde hace ocho meses, nuestros ya escasos contactos con los comunistas por su intolerable conducta de injurias, calumnias y constantes deslealtades, deslealtades que culminaron con el inadmisible, abusivo e inconfesable procedimiento por ellos empleado al apoderarse de considerables cantidades de dineros recaudados con el sagrado destino de auxiliar a los valerosos obreros perseguidos...». Y terminaba: «... Consecuentemente con la anterior declaración, la representación socialista manifiesta que, desde este mismo momento, no seguirá prestando su colaboración al Gobierno vasco si permanece en el mismo el Partido Comunista. París, 18 de mayo de 1948».

Hay que situar esta decisión en el contexto de la dependencia de los partidos antifranquistas de la ayuda económica norteamericana. El PNV tenía un hombre clave, Antón de Irala —que adquirió la nacionalidad norteamericana— en el Departamento de Estado, para el que trabajaba en «actividades informativas» (una forma como otra cualquiera para denominar a un espía). Era Irala un furibundo anticomunista, y servía de enlace para reunir fondos con los

que sufragar los gastos de los partidos y los Gobiernos en el exilio, a través del PNV. En 1948, el PNV contaba con unos 500 militantes en Francia y otros tantos en Estados Unidos. Según escribe Gregorio Morán, «ninguno de ellos diferenciaba el tiempo dedicado a Euskadi del tiempo dedicado a informar a Estados Unidos; eran lo mismo. Estados Unidos iba a traer la democracia a Euskadi y Euskadi debía luchar por la democracia representada en los Estados Unidos».

Como muestra de esa dependencia del «mecenas» americano, basta leer este fragmento de la carta que el presidente del PNV dirigió el 22 de septiembre de 1950 al presidente Truman: «Así como hace años (...) la palabra y los actos del gran presidente Roosevelt constituían, después de Dios, nuestra suprema luz y esperanza, hoy también las palabras y los actos de usted, su ilustre sucesor, constituyen la esperanza más firme de cuantos luchamos por la libertad y la dignidad humana, contra sus opresores, sean los fascistas de Franco o los comunistas de Stalin».

Al levantar la ONU en 1950 el bloqueo al régimen español, y regresar los embajadores a Madrid, empezó a cundir el desánimo en el Gobierno de Aguirre, desánimo que se convirtió en indignación cuando se firmaron los acuerdos militares entre España y Estados Unidos. A cambio de la instalación de las bases en España, Estados Unidos concedió compensaciones económicas y préstamos cuantiosos al régimen de Franco. Poco antes, el Gobierno francés había ordenado la devolución de la sede del Gobierno vasco en la avenida Marceau de París a las autoridades franquistas. Los vascos se instalaron en un modesto edificio de la rue Singer, en Passy.

Radio Euskadi, que emitía desde Mouguerre, fue clausurada por el Gobierno francés en 1954: el ministro del Interior se llamaba François Mitterrand.

El dinamismo mostrado por Juan Ajuriaguerra desde el interior y el éxito de la convocatoria de huelga general en el País Vasco en abril de 1951 no logran levantar la moral de los vascos exiliados. La represión que sucede a la huelga obliga a Ajuriaguerra a escapar a Francia, donde se entera de informaciones relacionadas con los servicios secretos norteamericanos que le hacen tomar la decisión tajante de abandonar el Partido Nacionalista Vasco. Es el mismo lehendakari Aguirre quien va a visitarle para rogarle que reconsidere su decisión, pero el hombre de carácter enérgico que era Ajuriaguerra no se mueve un ápice de su postura, y no sólo deja el Partido sino toda actividad política, entrando a trabajar como delineante (él, que era ingeniero) en una fábrica de las cercanías de Lyon.

La década del cincuenta al sesenta ha sido calificada de infausta por los historiadores del nacionalismo vasco. A los hechos reseñados hay que añadir la transformación industrial del País Vasco, de la que hablamos en otro capítulo, y la monotonía un tanto desesperanzada de los mensajes de Aguirre, quien, por lo demás, fue optimista hasta la muerte en cuanto a su creencia en la caída, siempre inminente, del régimen de Franco. Muy característica de Aguirre es la reflexión de que el dictador está desgastado: «Si para nosotros pasa el tiempo —dice—, también pasa para él...». Pobre consuelo el del paso del tiempo. Se celebra en Bayona en 1954 con más pena que gloria el Congreso de Estudios Vascos, y en 1956, en París, el Congreso Mundial Vasco. El reconocimiento a la legitimidad del Gobierno de Aguirre satisfaría a muchos peneuvistas, pero los jóvenes nacionalistas, que empezaban a formar sus grupos de lucha en el interior de la península, se mostraron poco conformes con las tesis repetitivas de las figuras históricas que vivían en el exilio. El mismo Aguirre ha de inclinarse con pesadumbre, en 1958, ante la realidad: «A los americanos les es indiferente el problema de la democracia en España». Una amarga reflexión de quien, desde sus tiempos de refugiado en Nueva York, había depositado su fe en el gran coloso americano.

## El preludio de la lucha armada

Siete jóvenes «intelectuales» (cuatro en Vizcaya y tres en Guipúzcoa) se reúnen para discutir de filosofía y fundan el grupo EKIN (hacer), que publica un boletín en el que se da cabida a estudios y reflexiones sobre el nacionalismo vasco y su historia, sobre las dificultades surgidas durante el franquismo y sobre el adormecido Partido Nacionalista Vasco, tan brillante en otros momentos importantes de la historia de Euskadi.

Por su parte, los jóvenes del PNV, que también actuaban en la clandestinidad y habían adoptado las siglas EGI (Eusko Gaztedi), entraron en contacto con EKIN y llegaron a un acuerdo, tras muchas discusiones, en las que los de EKIN eran acusados de «intelectuales» (un insulto para una sociedad que valoraba la forma física y la tradición), mientras éstos acusaban a los cachorros peneuvistas de folclóricos aficionados al «chateo» o «poteo» en las tabernas.

Álvarez Emparanza (Txillardegui) visitó en 1958 al lehendakari Aguirre en París, para exponerle los postulados de la nueva generación y las quejas sobre el caciquismo de los dirigentes peneuvistas del interior. Álvarez Emparanza intuyó que el euskera era el arma de cohesión del pueblo vasco, y no sólo lo estudió con profundidad sino que ha sido un escritor en euskera de primera fila. Su empeño en mantener los lazos con el PNV no fructificaría.

Pretendió también convencer a Juan Ajuriaguerra, que había abandonado su trabajo en Lyon y había vuelto a la lucha política en Bilbao. La postura de Ajuriaguerra fue, como de costumbre en él, dura e intransigente. Llegó a llamar a los jóvenes del grupo EKIN «comunistas, fanfarrones y contrabandistas», y a pesar de los esfuerzos de Aguirre por hacerle entrar en razones y mostrar alguna comprensión, se negó a recibir a los representantes de EKIN-EGI, tachándolos de «intelectuales incapaces y miedosos para la acción». Temía Ajuriaguerra que siguieran infiltrados en aquel grupo los servicios de información norteamericanos. Aunque no le faltaba razón en el caso de uno de sus componentes, Julen Madariaga, confidente del cónsul de los Estados Unidos en Bilbao, lo cierto era que aquellos jóvenes estaban dispuestos a jugarse la vida por Euskadi, con sinceridad, con valentía, y sin segundas intenciones.

## Democracia y Estatuto

El año 1977 amaneció con una protesta masiva de alcaldes vascos por el retraso que sufría la legalización de la ikurriña. En el mes de junio se celebraron en España las primeras elecciones libres desde la época de la República. En 1978 se redactó y aprobó la Constitución. El Partido Nacionalista Vasco, utilizando el lema «nuestros Fueros son nuestra Constitución», postuló la abstención en el referéndum. La Constitución fue aprobada por menos del 50 % del censo de Vizcaya y Guipúzcoa, y por amplia mayoría en Álava y Navarra. El PNV, que no podía ignorar este hecho, optó por aceptar la Constitución, como ya había hecho en 1931, pensando fundamentalmente en el Estatuto que de ella se derivaba.

El Estatuto se llamó de Gernika, pues fue allí donde se aprobó el proyecto, con el solo voto en contra de Herri Batasuna, una coalición constituida en 1978 para agrupar a pequeños partidos de izquierda y para apoyar —como se demostraría repetidamente en el futuro— con argucias ideológicas las acciones violentas de la organización ETA. El paso del proyecto por las Cortes fue bastante accidentado, pues el partido en el gobierno, la UCD, presentó enmiendas a 43 de los 46 artículos del Estatuto. Al fin se negoció una salida entre el presidente del Gobierno, Adolfo Suárez, y el presidente del Consejo general vasco y del PNV, Carlos Garaicoetxea (que sería elegido posteriormente lehendakari), con modificaciones al texto original para adaptarlo a los preceptos de la Constitución. En octubre de 1979 el Estatuto fue sometido a referéndum y aprobado por el 90 % de los votantes (aunque sólo votó el 54 % del censo electoral, lo que significó, en cierta medida, un triunfo para las tesis abstencionistas de los partidos más radicales, y en primer término la coalición Herri Batasuna).

# VIII
# EL FENÓMENO DE LA VIOLENCIA

Hay quien dice que la violencia es un mal endémico en el País Vasco. Unas veces muy intensa, otras aislada, amortiguada o adormecida. Pero lo cierto es que la historia de la sociedad vasca no es una historia violenta, pues como hemos visto hasta ahora lo que caracteriza a los vascos es su profundo amor a la cultura tradicional, a la familia, a la laboriosidad y a un «buen vivir» que para muchos se identifica más con el pecado de la gula que con el de la lujuria.

## ETA

El 31 de julio de 1959, fiesta de San Ignacio de Loyola —un santo vasco hasta la médula—, nace Euzkadi ta Azkatasuna (ETA), Euskadi y Libertad. El nombre propuesto en un principio fue Aberri ta Azkatasuna (ATA), es decir, Patria y Libertad. Pero en euskera la palabra ata quiere decir pato, y Álvarez Emparanza, siempre un purista del lenguaje, expuso razonablemente que las siglas ATA se prestaban a interpretaciones jocosas, por lo que se aceptó la sustitución de Aberri por Euzkadi, y la expresión «Euskadi y Libertad» sustituiría ya para siempre a la inicial «Patria y Libertad». Quedaba indemne la Libertad, y en realidad la sustitución de «Patria» por «Euskadi» represen-

taría, como el tiempo ha demostrado, una concreción acertada.

El grupo EKIN rompía así definitivamente con el PNV, y, también definitivamente, se transformaba en ETA (ETA, a su vez, se transformaría sucesivamente, de Asamblea en Asamblea y de escisión en escisión, en los años por venir). El bautizo de ETA no se celebró, como cabría esperar, con pólvora, sino con ikurriñas que ondeaban su orgullo y su miedo en las torres de las iglesias. La reacción policial fue contundente: numerosas detenciones, huidas hacia la frontera (muga), y una emboscada a Julen Madariaga, que salvó la piel porque la Guardia Civil se equivocó de automóvil y acribilló a balazos a un inocente industrial bilbaíno.

Se ha dicho que ETA nació de una escisión en el seno del Partido Nacionalista Vasco, pero esto, como hemos visto, es una verdad a medias. La escisión viene dada por la aparición de un grupo de jóvenes que forman el grupo EKIN y que durante un tiempo mantienen una estrecha asociación con los jóvenes de Euzko Gaztedi (EGI), que sí procedían del PNV. Incluso muchos de ellos, que deseaban desembarazarse del agobiante control del partido, optaron por abandonarlo y sumarse a ETA. El rechazo de Ajuriaguerra a escuchar siquiera a estos jóvenes radicales, que en principio querían acción, y no esperar sentados a que las circunstancias cambiaran, como hacían los dirigentes históricos del exilio, los catapultó hacia «las tinieblas exteriores» del peneuvismo, aunque, justo es decirlo, siempre fueron vistos con simpatía y contaron con fuertes apoyos entre elementos nacionalistas moderados.

Unos 30 afiliados a ETA fueron detenidos en 1960. Otros tantos cruzaron la frontera y se instalaron en Francia. Surgieron entonces voces que proponían la conveniencia de ir armados, y otros, más exaltados, planearon la voladura del Gobierno civil de Bilbao, empresa utópica que no se llevó a efecto.

La ideología de ETA, como la del PNV, se inspiró en Sabino Arana, pero con un más acusado tinte social y un acercamiento a la clase obrera, que para muchos militantes se traducía en una solidaridad con sus planteamientos y un alineamiento con los postulados de la lucha de clases.

He aquí los Principios de ETA, publicados en 1962:

EUZKADI [1] TA AZKATASUNA

Principios

Euzkadi ta Azkatasuna (ETA) es un Movimiento Revolucionario Vasco de Liberación Nacional, creado en la Resistencia patriótica, e independiente de todo otro partido, organización u organismo.

ETA proclama que el Pueblo Vasco tiene los mismos derechos que asisten a cualquier otro pueblo a su autogobierno y afirma que para la consecución de éste se deberán emplear los medios más adecuados que cada circunstancia histórica dicte.

La libertad de Euzkadi no constituye para ETA el interés supremo, sino el único medio realista de desarrollo y vigorización de la Nación Vasca en todos sus ámbitos.

ETA sostiene que si Euzkadi, con entera libertad, estima como más conveniente a sus fines y existencia la cesión de diversos derechos a organismos u organizaciones supranacionales, así lo hará.

ETA considera que Euzkadi está integrada por las regiones históricas de Álava, Guipúzcoa, Laburdi, Navarra, Vizcaya y Zuberoa [2].

ETA, dentro del marco político, propugna para Euzkadi:

— El establecimiento de un régimen democrático e inequívocamente representativo, tanto en el sentido político como en el socioeconómico y en el cultural, en orden a actualizar, en todo momento, los valores positivos del Pueblo Vasco.

— La garantía cierta y efectiva de los Derechos del Hombre: libertad de expresión, libertad de reunión, libertad de sindicación, libertad de práctica de cultos y credos religiosos, etc., siempre que éstos no vengan a constituir un instrumento, bien sea destinado a atentar contra la soberanía de Euzkadi, a implantar en ella un régimen dictatorial (sea

---

[1]   Respetamos la grafía aranista «Euzkadi» (con *zeta*), aunque hoy la normalización lingüística prescribe la utilización de la letra *ese*.

[2]   Laburdi es el Labourd francés (859 km²). Zuberoa es el nombre vasco de La Soule francesa (785 km²), con el añadido de Basse Navarre (1.318 km²). El total del territorio vasco francés es de 2.962 km², incluyendo, al norte del río Adour, una parte de la ciudad de Bayonne y el municipio de Boucau. Junto con el Béarn, Labourd, La Soule y Basse Navarre forman el departamento francés de Pyrénées Atlantiques.

fascista o comunista) o a servir los intereses de grupo o clase (político, religioso, social o económico) vasco o extranjero. Las extralimitaciones de estos derechos no serán atajadas ni penadas por vía de censura previa.

— La máxima descentralización en la estructuración de la sociedad política vasca, junto con el reconocimiento político-administrativo de los organismos de orden natural, como son el Municipio y la Región.

— La integración federalista europea, siempre que ésta se lleve a efecto a la altura de las nacionalidades, y manteniendo y actualizando, como única finalidad, la promoción política, social, económica y cultural del individuo y de los pueblos. Rechaza por tanto el europeísmo que pretende formar Europa en base a las actuales Estados, así como el europeísmo de intereses cuyo objetivo se cifra en la pervivencia de posiciones de privilegio y en la continuación de diversas formas de opresión de ellas derivadas.

— La supresión progresiva de fronteras estatales en todo el mundo, por considerarlas antinaturales y perjudiciales al buen entendimiento y progreso económico y cultural de pueblos e individuos.

— La organización de una campaña universal de retorno a la Patria de los vascos diseminados por el mundo entero.

— La repulsa del racismo y, por tanto, de los principios de superioridad legal de unos pueblos o razas sobre otros. No apoya, consecuentemente, la segregación o expulsión de los elementos extraños al país, en tanto éstos no se opongan o atenten contra los intereses nacionales de Euzkadi.

— La condena del militarismo y, por ende, la supresión de la organización militar existente en Euzkadi.

ETA manifiesta su aconfesionalidad y la propugna para la Constitución de Euzkadi.

ETA, en el área social, preconiza para el País Vasco:

— La desaparición del liberalismo económico como sistema base de la futura economía vasca, por considerar ilusoria cualquier pretensión de democracia si ésta se limita exclusivamente al campo político, sin que, así mismo, se establezca una definitiva democracia en el orden económico.

— Una profunda modificación del *status* de la propiedad. Por ello se habrá de legislar de manera a destacar y proteger su primordial dimensión social, tanto en la industria como en el agro, pesca y demás ámbitos económicos y sociales.

— La socialización de los recursos e industrias de los sectores básicos de la economía y de los sectores de alcance general, así como el fomento, mediante pertinentes disposiciones de estímulo, de las cooperativas.

— La planificación de la Economía Nacional, democráticamente realizada, con intervención principal de los Sindicatos, Comités de Empresa, Organismos regionales del Plan, Ayuntamientos, etc., y excluida toda interferencia o influencia de defensa de los intereses de clase.

— El reconocimiento de la primacía del trabajo sobre el capital, como norma rectora.

— La calificación del trabajo y del capital —tanto privado como público— como elementos de la Empresa, en cuya cogestión y beneficios participarán proporcional y correspondientemente.

— La limitación de los beneficios y fuentes patrimoniales, los cuales deberán quedar sujetos a escalas de impuestos e índices de exacción progresivos.

— Una legislación justa y digna de los seguros sociales, no fundada en finalidad o sentimiento de carácter paternalista, sino en el imprescriptible respeto debido a la dignidad de la persona humana.

— Una excepcional consideración de los Sindicatos en cuanto que deben de constituir el instrumento más genuino de la democracia económica.

Para ETA, el pilar básico de toda estructuración de una sociedad justa es la democratización de la cultura. Por lo cual, a todo ciudadano vasco, cualquiera que sea su origen, le asistirá la posibilidad real de acceder a los más altos niveles en el plano cultural, sin otra limitación que la de sus propias aptitudes y cualidades. A tal efecto, toda clase de enseñanza será gratuita y obligatoria hasta los 16 años, haciendo efectivo el principio de igualdad de oportunidades para todos. Con este mismo designio, ETA aboga por el establecimiento del presalario para los estudiantes de más de 16 años.

ETA, en el orden de la Cultura Nacional, exige para Euzkadi:

— La proclamación del euskera como única lengua nacional. Ella debe volver a ser la lengua de todos los vascos. Su primacía y carácter oficial dentro de Euzkadi serán totales, sin perjuicio de la instauración de un régimen provisional trilingüe, habida cuenta de las realidades lingüísticas del presente.

— La creación, como objetivo de imperiosa atención, de la Universidad Vasca, la cual habrá de contribuir decisivamente a la promoción del individuo y a la consolidación de la conciencia nacional vasca.

— El trato de protección oficial y difusión nacional de todas las manifestaciones de los valores genuinos vascos.

ETA desea colaborar estrechamente con las fuerzas, partidos u organizaciones patrióticas vascas. Colaborará así mismo con cuantas organizaciones o fuerzas traten de contribuir en la lucha contra la situación de avasallamiento que hoy padece el Pueblo Vasco, siempre que el mantenimiento de estas relaciones no presuponga la hipoteca de los fines y medios que propugna ETA.

EUZKADI TA
AZKATASUNA (ETA)
Mayo de 1962.

El primer dirigente de ETA fue José Antonio Echebarrieta, alias Lumumba, quien tras haber sido encarcelado en 1959 se marchó a París, donde estudió en el Instituto de Estudios Políticos los fenómenos del nacionalismo a escala mundial. Echebarrieta era partidario de la lucha armada. He aquí un texto suyo, aparecido en un panfleto titulado *Un planteamiento, un problema, una opinión*:

«Saquemos la cabeza de la arena y miremos a nuestro alrededor y cómo han arreglado problemas similares. Y pregunto: ¿Creen sinceramente que existiría hoy una Irlanda libre y digna si los irlandeses hubiesen usado de los boletines y las misas a San Patricio? ¿Creen que existiría una problemática argelina si los líderes nacionalistas se hubiesen limitado a las bellas artes? ¿Creen que Chipre tendría su *status* actual gracias a que San Juan Crisóstomo bajó a convencer a los parlamentarios de la Gran Bretaña?»

Varios miembros de la incipiente ETA se desplazan a Irlanda para entrenarse en el manejo de armas y explosivos con los combatientes del IRA. Mientras tanto, Lumumba quiere establecer contactos en París con militares norteamericanos, pero éstos consideran poco sensato firmar tratados con Franco y al mismo tiempo ayudar a sus enemigos.

A finales de 1961, los jóvenes «separados» de EGI —que, no lo olvidemos, procedían del PNV— firmaron un documento con los representantes de ETA por el que reconocían que «para conseguir la libertad de Euzkadi habrá que hacer uso de la violencia y de las armas, o por lo menos estar dispuestos a hacerlo así».

Echebarrieta se encarga de recaudar fondos para proveer de armas a los militantes de ambas organizaciones, ETA y EGI. En la primavera de 1962 ha reunido ya diez mil dólares, procedentes del «frente de América». Confiesa: «Nos hemos encontrado este dinero casi sin saber cómo». Con mentalidad tercermundista —de ahí le viene quizás el apodo Lumumba— identifica independentismo y lucha armada. No hay, para él, otra vía [3].

Los nacionalistas de EGI se difuminan cada vez más, y los dirigentes más activos acaban siendo absorbidos por ETA.

Se prepara un atentado a un tren de excombatientes que van a concentrarse en San Sebastián el 18 de julio de 1961. La explosión se produce a destiempo, y los viajeros del tren no se enteran. Pero sí se entera la policía, que detiene a más de cien personas, militantes, familiares y simpatizantes de ETA.

En mayo de 1962 se celebró la I Asamblea de la organización en Francia, en el monasterio de Belloc. El rimbombante nombre de I Asamblea no debe hacernos olvidar el hecho de que los reunidos eran cuatro militantes de Guipúzcoa y tres de Vizcaya. Este reducidísimo grupo pretenderá una especie de liberación y de despertar ideológico del pueblo vasco, con el mismo espíritu de fe y voluntad que animó a los primeros apóstoles del cristianismo. ETA se califica a sí misma de «movimiento vasco de liberación nacional», y se decide la acción guerrillera y de lucha armada, en la línea del frente de liberación argelino..., aunque con las ideas católico-tradicionalistas de Sabino Arana.

Pero no será hasta 1964, y debido a la influencia del abogado maoísta José Etxebarrieta, cuando se identifiquen liberación nacional y revolución social, se defina el concepto de obrerismo etarra, se expongan los principios de la lucha armada popular, y se rompan los lazos con el Partido Nacionalista Vasco, al que se acusa de burgués capitalista.

El hermano de José Etxebarrieta, Txavi, presidirá la V Asamblea, y formulará los cuatro frentes en los que actuará la organización: el político, el militar, el obrero y el cultural. En junio de 1968 Txavi Etxebarrieta cae acribillado por los disparos de la Guardia Civil, y entonces comienza la espiral de la lucha armada, que tiene su represalia inmediata en el atentado mortal contra el comisario Melitón Manzanas, en el mes de agosto.

A lo largo del año 1969 la policía «liquida» a cinco miembros de ETA, detiene a 1.953 personas, obliga a exiliarse a 300 etarras, lleva a 53 procesados ante los Tribunales militares, que les imponen un total de 558 años de cárcel, y ante el Tribunal de

---

[3] Lumumba sufrirá una parálisis en 1963 que le mantendrá alejado de la lucha armada. Pero no así de la lucha ideológica. En 1970 defenderá a Izco de la Iglesia en el proceso de Burgos. Su vida se extinguirá en 1973.

Orden Público a 93, que son condenados, en total, a 223 años. Las Fuerzas de la Seguridad del Estado celebran aquellos éxitos y creen haber descabezado a la rebelde serpiente, sin darse cuenta de que aquello era sólo el comienzo de una carrera desenfrenada hacia el odio y el crimen.

El 3 de diciembre de 1970 se celebra el Proceso de Burgos, que habría de juzgar a los 15 que estaban acusados de participar en el atentado contra el comisario Manzanas. El fiscal pidió seis penas de muerte, además de penas de cárcel que sumaban setecientos años. El intento del régimen franquista de asestar un golpe mortal a ETA se volvió en su contra, pues la opinión pública internacional se movilizó en favor de la organización separatista, que pasó de la semiclandestinidad a ser conocida y apoyada de uno a otro extremo del planeta. «El juzgador juzgado», podría titularse lo ocurrido. La presión externa fue de tal intensidad que Franco no tuvo más remedio que indultar a los condenados a muerte.

Pasado el Proceso de Burgos, ETA VI Asamblea se dio cuenta de lo importantes que eran los movimientos de masas. Su manifiesto de 1971 empieza reclamando «la destrucción violenta del Estado». La persecución policial arrastra a sus miembros al exilio, donde su ideología, en contacto con los dirigentes franceses de la Liga Comunista Revolucionaria, se hace declaradamente trotskista. Sus intentos de organizar una huelga general para conmemorar el primer aniversario del Proceso de Burgos fracasan, pero no así la oleada de huelgas indefinidas de hambre que sus militantes mantienen en las cárceles españolas. Uno de los dirigentes de ETA VI Asamblea, Francisco Letamendía, Ortxi, presenta en 1972 unas tesis de trabajo para convertir a ETA en un partido proletario, del que desaparece, como elemento predominante, el nacionalismo. Hubo quien acusó a Ortxi de copiar los documentos de los tupamaros uruguayos. Lo cierto es que pretende, a través de la constitución de *soviets*, convertir a ETA en un Partido de los Trabajadores, para lo que entabla negociaciones con el Partido Comunista de Euskadi. El resultado es la incorporación, en 1974, de más de cien militantes de ETA VI Asamblea al Partido Comunista de Euskadi, y la práctica disolución del grupo que encabezaba Ortxi. El grupo de los que vivían en el exilio se integrará, a su vez, en la Liga Comunista Revolucionaria.

Conviene recordar que los miembros de ETA V Asamblea (los «milis») habían sido protagonistas, en enero de 1972, de un secuestro que puede considerarse arquetípico de su ideología: el del industrial Lorenzo Zabala. Al producirse una serie de despidos en la fábrica de éste, los etarras lo secuestraron y prometieron dejarlo en libertad si se readmitía a los despedidos. Así ocurrió y así lo hicieron. Fue quizá la única acción terrorista «romántica» que recuerdan los anales de la violencia vasca. Este hecho produjo una corriente de simpatía hacia los dirigentes de los «milis», Txikia y Echabe, de tendencia abertzale, alejados del marxismo y procedentes de organizaciones católicas más o menos progresistas (Txikia había sido benedictino, y otros como Argala habían pertenecido en la adolescencia a la Legión de María). Txikia, por ejemplo, consiguió atraer hacia los «milis» a una treintena de jóvenes procedentes de ETA VI Asamblea. Su austeridad benedictina fue proverbial en toda su trayectoria vital y sirvió de pauta a la organización. Su gran éxito «apostólico» fue conseguir que en 1972 se le unieran las huestes de Múgica Arregui, un valiente líder a quien seguían disciplinada, ardorosa y religiosamente quinientos jóvenes peneuvistas. Así fue como se pasaron los jóvenes del PNV a la lucha armada.

La muerte, en un tiroteo con la Guardia Civil, de uno de los dirigentes de ese grupo de «los quinientos», fue achacado por Múgica Arregui a una «chapuza» del miembro del Comité Ejecutivo de ETA, Argala. Nunca le perdonaría Múgica Arregui a Argala aquel fallo que había ocasionado la muerte de un fiel militante. El abismo entre ambos se ahondó y en 1974 dará lugar a la escisión de ETA en dos ramas: la militar (los «milis») y la político-militar (los «polis-milis»).

Del lado de ETA había muerto de un tiro en la sien, el 19 de abril de 1973, Eustaquio Mendizábal, Txiquia, quien en 1970 había protagonizado la escisión de ETA en dos organizaciones: ETA VI Asamblea, que tuvo escasa participación en el Proceso de Burgos, salvo en la fracasada operación de huida de los encarcelados, y ETA V Asamblea, más conocida por «los milis», que habían secuestrado al cónsul Beihl y que mantenían el principio de la lucha armada, pero sin las influencias ideológicas del marxismo-leninismo.

Las acciones violentas de ETA tuvieron su máxima expresión y su momento culminante el 20 de diciembre de 1973 en el atentado con 75 kilos de explosivo en la calle Claudio Coello de Madrid que costó la vida al almirante Carrero Blanco, a la sazón presidente del gobierno y hombre de confianza del dictador, cuya salud empezaba a resquebrajarse. Se puede decir que con aquella acción, ETA alcanzó su punto álgido de popularidad y de apoyo en amplias capas de la sociedad vasca. Los nacionalistas no violentos, integrados en asociaciones vecinales, entidades culturales, grupos estudiantiles, organizaciones profesionales y luchadores sindicales, se sentían unidos en un planteamiento ideológico común: la oposición al franquismo y a su perpetuación. Manifestaciones, huelgas de hambre, marchas y protestas proliferaron en las calles de las principales ciudades vascas. Cientos de miles de personas llegaron a reunirse en alguna ocasión, y los lemas comunes eran la legalización de la ikurriña, la plena libertad de utilización del euskera como lengua de expresión y de enseñanza, la autorización de todos los partidos políticos y la urgente puesta en vigor de la autonomía vasca.

En septiembre de 1974 se produjo el atentado contra la cafetería de la calle del Correo de Madrid, cercana a la Dirección General de Seguridad y frecuentada por policías, que ocasionó once víctimas mortales, ninguna de ellas policía. Ahora es Argala, dirigente de los milis, quien califica de chapuza aquella acción, pues el comando ignoraba algo tan elemental como saber quién frecuentaba a aquellas horas el establecimiento. Las divergencias conducen a la escisión de ETA en dos organizaciones: ETA militar y ETA político-militar. Los principios son los mismos, pero las formas de actuación difieren.

Sin embargo, durante los meses anteriores a la muerte de Franco ambas ramas de ETA prosiguieron sus atentados contra las fuerzas de seguridad. El Gobierno central decretó el estado de excepción en abril de 1975 y promulgó la Ley Antiterrorista en agosto del mismo año. Destacados miembros de ETA cayeron muertos o fueron apresados. Incluso poco antes de la muerte del dictador, el 27 de septiembre de 1975, se ejecutaron cinco sentencias de muerte, correspondientes a tres militantes del FRAP (Frente Revolucionario Antifascista y Patriótico) y dos de ETA: Juan Paredes Mannot, Txiqui, y Ángel Otaegui Echevarría, entre un clamor mundial de repulsa y una conmoción nacional de impotencia y tristeza. Las estadísticas nos dicen que entre el Proceso de Burgos y la muerte de Franco fueron detenidas en Euskadi 10.144 personas. Y que el número de detenciones durante el año 1975 fue de 4.625, un promedio de más de 15 personas al día. La espiral acción-represión funcionó como un mecanismo de precisión perfectamente lubricado.

El año 1976 estuvo sembrado de manifestaciones en favor de la amnistía y de la autonomía, en las que nacionalistas y no nacionalistas se unían, bajo el pretexto de un acto cultural o una celebración cualquiera, para entonar canciones vascas prohibidas, corear eslóganes políticos, aplaudir la aparición de numerosas ikurriñas, aclamar a los exiliados vascos que regresaban, y reaccionar con hostilidad a veces violenta a la presencia de la policía española.

## KAS y Jarrai

Nace entonces la llamada Alternativa KAS (Coordinadora Abertzale Socialista), que aprovecha el momento de desplome de las estructuras franquistas para lanzar su propuesta para Euskadi Sur. La idea de que tras la muerte del dictador se caminaba hacia la instauración de una «democracia burguesa en el Estado español» les incita a presentar un programa de alternativa con unas «exigencias mínimas de libertades democráticas y nacionales», a las que consideran el «único marco válido para el desarrollo de una dinámica de tipo democrático».

KAS persigue un cauce de «aglutinación de las clases populares vascas para obligar a la oligarquía, con los medios que proporciona una lucha de masas combativa y radicalizada como la que existe en Euskadi, a ceder en sus posiciones actuales de tolerancia y permisibilidad (sic) para unos e ilegalidad y represión para otros».

Los ocho prolijos puntos de la alternativa pueden resumirse así:

— Libertades democráticas sin restricción.
— Amnistía total.
— Disolución de los cuerpos represivos (policía, guardia civil), y exigencia de responsabilidades a sus miembros.
— Mejora de las condiciones de vida y trabajo de las masas populares.
— Reconocimiento de la soberanía nacional de Euskadi.
— Establecimiento inmediato (aunque provisional) de un régimen de autonomía para Euskadi Sur (Nafarroa, Araba, Bizkaia y Gipuzkoa), incluyendo infraestructuras, hacienda, orden público, defensa, relaciones exteriores, educación y cultura; control de la economía democrático y antioligárquico, con sindicatos autogestionarios.
— Constitución de un Gobierno provisional vasco, que estará presente en los órganos del Poder central que surjan tras la derrota del fascismo y triunfo de la democracia. Euskadi Sur reconocerá al Gobierno Provisional Central... siempre y cuando éste garantice los principios y libertades aquí expuestos.
— Negativa a la negociación burocrática con los gobier-

nos reformistas de la Monarquía juancarlista.

Este movimiento se revitalizaría en los años noventa a través de Jarrai, que agrupa a las juventudes de la Coordinadora KAS, y que se caracterizaría por su participación en desórdenes callejeros, con quemas de vehículos, rotura de cristales, etc. La policía vasca, la ertzaintza, ha sufrido los más virulentos ataques, que han llegado a costar en 1995 la vida de uno de sus miembros, abrasado dentro de su automóvil, por una de cuyas ventanillas habían introducido los jóvenes un cóctel molotov. La lucha en la calle que protagonizan los seguidores de Jarrai se inspira en la Intifada palestina, un modo de crispar el ambiente civil hasta extremos irrespirables, amparándose en la escurridiza agresividad de los menores de edad. Éstos saben que pueden salir del trance malheridos, pero que no serán castigados con penas de prisión. Alentados por sus mayores, se atribuyen todos ellos el papel de pequeños héroes a quienes importa poco el motivo de sus acciones, pues lo mismo apedrean a la policía que a quienes se manifiestan en favor de la paz o a quienes desean celebrar las fiestas patronales [4].

Esta nueva estrategia de hacer la calle invivible no ha eliminado del todo los atentados sangrientos, las extorsiones y los secuestros, aunque estos hechos se producen con mucha menor frecuencia y espectacularidad que a finales de los setenta y comienzos de los ochenta. Es útil recordar que la acti-

vidad de ETA no sólo no disminuyó al acabar la dictadura franquista, sino que se incrementó de forma ostensible con el establecimiento de la democracia, como si el margen de libertad que ésta ofrecía se convirtiera en terreno abonado para quienes querían desbaratarla con el terror.

Así, sorprende que ETA haya matado en 1978, año de la aprobación de la Constitución, a 65 personas, muchas más que durante todo el período de dictadura franquista. En 1979 el número de muertos en atentados terroristas (aunque no todos atribuibles a ETA) fue de 105, con una media de uno cada tres días. A mediados de febrero de 1980 el número de víctimas era de 26, en una vertiginosa escalada que hizo exclamar al ministro del Interior en el Congreso que se podría llegar a la escalofriante cifra de un muerto diario.

La colaboración de la policía francesa, unida a la «guerra sucia» de los GAL y algunas desavenencias en el seno de ETA, fueron factores que contribuyeron a que la «media» de víctimas de atentados descendiera a unas cuarenta por año entre 1981 y 1986. En esa época, el gobierno socialista inició una política de reinserción, como un gesto de apaciguamiento y de buena voluntad. Decenas de etarras se acogieron a esas medidas, pero la dirección de ETA decidió poner punto final a la desbandada con un acto de especial dureza: el asesinato en Ordizia (Guipúzcoa) de María Dolores González, Yoyes, anti-

---

[4] La irracionalidad de estos grupos se reveló paladinamente a finales de abril de 1993, cuando una pandilla de jóvenes que enarbolaba pancartas de Jarrai y decía protestar contra la política lingüística del Gobierno vasco, lanzó huevos y tomates contra Amparo Gastón, Amparitxu, la viuda del poeta vasco antifranquista Gabriel Celaya, cuando ésta participaba en Hernani en la ceremonia de inauguración de un colegio que lleva el nombre del poeta.

gua dirigente que había optado por la reinserción, tras 12 años de exilio. El comunicado en el que la organización se atribuía el atentado comenzaba así: «ETA, organización socialista, revolucionaria, vasca, de liberación nacional, asume la responsabilidad de la ejecución de María Dolores González Cataráin, Yoyes, colaboradora de los planes represivos del Estado opresor español y traidora al proceso de liberación nacional que el pueblo trabajador vasco lleva a cabo».

Nuevos métodos puestos en práctica por la organización, como el coche-bomba, vuelven a incrementar el número de víctimas en 1987, año en que se produce el más mortífero de los atentados de ETA, que causa 15 muertos y una treintena de heridos graves: el del supermercado Hipercor de Barcelona. Junto a los coches-bomba, se extiende la práctica del secuestro, tanto a empresarios —para obtener fondos con que engrosar las arcas, a veces exhaustas, de la organización— como a políticos y militares. El «impuesto revolucionario» (exigencia de dinero a cambio de respetar a la familia y no hacerla objeto de atentados o secuestros) alcanza tales proporciones que los empresarios optan por una de estas dos vías: o abandonar el País Vasco o plantar cara a la extorsión etarra, negándose en bloque a pagar y al mismo tiempo tomando rigurosas medidas de seguridad para ellos.y sus familiares.

En la primavera de 1989 se produjo en Argelia un intento de negociación por parte de autoridades españolas y dirigentes etarras, que no condujo a nada positivo al haberse roto la tregua pactada con la organización, y producirse una serie de atentados contra vías férreas y el envío de cartas-bomba a un policía

de Irún y al director de la cárcel de Herrera de la Mancha.

Las acciones contra objetivos turísticos, con el fin dañar la principal fuente de recursos con que cuenta el Estado español, ha sido una constante de todos los comienzos de verano desde aquella época. Avisos de bombas provocaron el temor en playas, hoteles y transportes. Sus efectos no han sido afortunadamente sangrientos, pero desde el punto de vista psicológico condujeron, a comienzos de los noventa, a un cierto retraimiento del turismo extranjero a las zonas más amenazadas, sin repercusiones apreciables en el resultado global de la temporada turística.

Las acciones de ETA alcanzaron a veces objetivos disfrazados de preocupación ecológica, como fue la serie de atentados que provocaron la paralización de la central nuclear de Lemóniz en 1991, o más recientemente, de las obras de la autovía entre Pamplona y San Sebastián, a su paso por Leizarán.

Con motivo de la Exposición Universal de Sevilla en 1992 y la celebración de los Juegos Olímpicos en Barcelona ese mismo año, las autoridades españolas obtuvieron de la policía francesa la colaboración más decidida, que llevó a la detención en Bidart, localidad situada entre Bayona y San Juan de Luz, de los principales dirigentes de ETA, cuando asistían a una reunión del comité ejecutivo: Múgica Garmendía, Artapalo, jefe máximo de la organización; Álvarez Santacristina, Txelis, ideólogo y responsable de asuntos internacionales, y Aguirre Erostarbe, Fittipaldi, jefe de explosivos, cayeron en la redada.

Sin embargo, el tiempo ha demostrado que tras un período de inactividad, ETA recompone sus cuadros y consigue, como una gorgona, hacer brotar de su cuello segado una nueva cabeza.

# IX
# EPÍLOGO

Cuando asesinan a un vasco, me siento un poco asesinado; cuando un vasco asesina, me siento un poco asesino; cuando odian los vascos, siento un poco de odio; cuando vociferan por las calles, enronquece mi garganta; cuando pegan carteles, se me queda en los dedos una pizca de engrudo; cuando secuestran, me quema en los costados el rocío de la hierba; cuando les lanzan gases lacrimógenos, me pican los ojos; cuando extorsionan a un empresario, resuenan treinta monedas en mi bolsillo; y cuando se ponen a hablar en euskera o euskara, balbuceo dos o tres sílabas que leí en un viejo libro de canciones.

Quizá todos deberíamos sentir así, y ellos deberían sentir que cuando uno que no es vasco muere por la explosión de una bomba, ellos (nosotros) morimos un poco.

Al pensar «que hagan lo que les dé la gana» ha habido en nuestro subconsciente un morboso afán de arrinconarlos, separarlos, dejarles vivir su vida en rebeldía. Que se mataran entre ellos, si les placía, pero que nos dejaran a los demás en paz. Los que pensábamos así caímos en el mismo error de quienes querían negarles el pan y la sal de su identidad y su historia.

Recuerdo que a finales de los setenta, cuando vivía en París, me preguntaban a menudo cómo veía el problema vasco —que entonces preocupaba enormemente en las tertulias, y muy poco en las gendarmerías—, y mi respuesta era indefectiblemente la misma: «Si quieren ser independientes, que lo sean. Emitirán pasaportes, habrá nuevos puestos fronterizos, y cuando viaje a Madrid me sellarán el pasaporte en Hendaya y luego me lo volverán a sellar en la otra frontera, al dejar Álava y entrar en Burgos, a la altura de Miranda de Ebro. ¡Qué importa una frontera más o menos!»...

Creo que me equivocaba, o nos equivocábamos. En las noches ateridas íbamos en los trenes pensando así, en los trenes con olor a plátano que circulaban por aquella frontera que todavía no existía; medio adormecidos, traqueteaba en nuestro pensamiento: «¡Qué más da, que hagan lo que quieran, allá ellos!».

Ellos. Nosotros. Pero ¿quiénes somos nosotros? Nosotros, los de Galicia, somos unos advenedizos; los andaluces son gentes que han recibido un barniz de cultura árabe, de poco arraigo en la península, pues los árabes, tal como la trajeron, se la llevaron; los catalanes han recibido una cultura semifrancesa y emparentada con los pueblos comerciantes del otro extremo del Mediterráneo... Los únicos que resistieron y no fueron contaminados por las invasiones sucesivas de celtas, fenicios, cartagineses, romanos, visigodos, normandos, árabes, son los vascos: la esencia de nosotros y de nuestra tierra está allí. Allí están las raíces de los nombres, las raíces de la sangre, las raíces de los pueblos, las raíces de nuestros fantasmas, hasta las raíces de la fe.

«Esto de ser tan vasco, ¿no será demasiado español?», se preguntaba el humorista Máximo, en una de sus destelleantes viñetas, publicada el 13 de octubre de 1994. Hace tiempo que llegué a esa conclusión: los vascos son demasiado españoles, y los españoles somos poco vascos. Esa españolidad en demasía que les sobra a los vascos, debería intercambiarse por la vasqueidad que nos falta al resto de los españoles.

Cuando se describe exageradamente a un español, se describe a alguien que canta con voz estentórea por las calles adormecidas; a alguien que es vital cuando suenan las bombas de la fiesta y también cuando suenan las bombas de la muerte; a alguien que ríe a carcajadas durante el silencio espeso de una recepción diplomática o de un velatorio; a alguien que conquista mares y los va dejando atrás, como una estela inútil; a alguien que juega con los cuernos afilados de los toros y con la sonrisa huidiza de las mujeres; a alguien capaz de matar para seguir remontando el río de Eldorado; a alguien que apuesta sus dineros por ver quién levanta más veces una piedra o quién conquista a una monja de clausura; a alguien que monta empresas donde nunca antes nadie había clavado un clavo, y las deja después que se las coma la maleza porque siente nostalgia del eterno olor a vaca de su aldea...; ése que describimos es español, pero es fundamentalmente un vasco, un prototipo de una raza que se habría extinguido si los vascos no existieran.

Porque el español es un vasco amanerado por la Roma del Imperio y por la Roma del Renacimiento, que siempre quiso escribir o pintar o componer música o hacer teatro como los italianos. O soñar como los antiguos celtas, traídos por el mar desde las brumas del norte de Inglaterra. O bailar con traje de lunares a la puerta de una fábrica de tabacos, mientras un rey moro lloraba por los olores perdidos del azahar y el ciprés.

Y el vasco es un español pasado por la Corte más detallista de Europa, un español engolado y reverente, un español barroco y jesuítico, un español iluminado y fanático, que lo mismo mira con devoción las estrellas que las borra de un plumazo entre los alaridos de un auto de fe. Hasta cuando se ponen a destruir esculturas —como ha ocurrido con obras de Ibarrola, de Chillida, de Oteiza—, los vascos son de lo más español que hay.

A propósito de un libro de Aranzadi, Juaristi y Unzueta, escribe Jorge M. Reverte: «Cuanto más vascos han sido los análisis de Aranzadi, Juaristi y Unzueta, más españolas han sido sus consecuencias. El nacionalismo español se ha visto reflejado en el espejo de los vascos... Los desvaríos que la intolerancia provoca en algunos de los nuestros (con perdón, siento míos a los vascos) son nuestros desvaríos, los míos». Hay que acabar reconociendo que cuando Arzalluz afirma que no quiere la independencia, pero que en una Europa unida, en unos Estados Unidos de Europa, con un ejército europeo, con una moneda europea, con un gobierno europeo, con un parlamento europeo, los vascos quieren entrar a formar parte de esa Europa directamente, cuando dice eso está diciendo lo que tantos sostuvimos sobre la Europa de las patrias, o, mejor dicho, la disolución de las patrias en una Europa única y plural, de la que nadie pueda decir «es mía». Y hasta cuando disparata, y quiere volver a tiempos forales, y a la frontera en el río Ebro (¡cuando ya no hay fronteras en Europa!...), nos está recordando ese espíritu montaraz, «foramontano» —que diría Víctor de la Serna— en el que estamos llamados a encontrarnos los del sur y los del norte, los del este y los del oeste.

Algún día, nosotros, los que en los años setenta y ochenta mirábamos con un mal disimu-

lado resquemor las matrículas de los automóviles vascos, algún día solicitaremos que todos nuestros automóviles ostenten una matrícula vasca —BI, VI, SS—, pues ese día tendremos la certeza de que todos los automóviles serán españoles.

«¡Los españoles! ¡Los españoles! ¡He aquí hombres que han querido ser demasiado!», exclamaba Nietzsche. Y cuando Kant cita las características de cada país, llama a España «tierra de los antepasados». Seguramente ambos se equivocaron y quisieron decir: los vascos, Vasconia, o Euskadi, como se prefiera.

# X
# INFORMACIÓN ESTADÍSTICA

EVOLUCIÓN DE LA POBLACIÓN

|  | COMUNIDAD AUTÓNOMA DE EUSKADI | ÁLAVA | VIZCAYA | GUIPÚZCOA | ESTADO |
|---|---|---|---|---|---|
| 1900 ......... | 602.204 | 98.066 | 307.607 | 196.531 | 18.830.649 |
| 1920 ......... | 783.125 | 101.357 | 421.264 | 260.504 | 22.012.663 |
| 1940 ......... | 948.096 | 112.503 | 510.590 | 325.003 | 26.386.854 |
| 1960 ......... | 1.358.707 | 133.742 | 751.014 | 473.951 | 30.776.935 |
| 1970 ......... | 1.867.287 | 199.777 | 1.041.461 | 626.049 | 34.041.531 |
| 1981 ......... | 2.141.809 | 257.850 | 1.189.278 | 694.681 | 37.682.355 |
| 1986 ......... | 2.136.100 | 267.728 | 1.179.150 | 689.222 | 38.473.418 |
| 1991 ......... | 2.093.712 | 271.081 | 1.150.866 | 671.765 | 38.425.679 |
| 1992 ......... | 2.124.651 | 279.205 | 1.162.482 | 682.964 | 39.790.955 |

## DISTRIBUCIÓN SECTORIAL DEL PRODUCTO INTERIOR BRUTO (P.I.B.) EN LA COMUNIDAD AUTÓNOMA DE EUSKADI

### MILLONES DE PESETAS

|  | 1990 | 1991 | 1992 | 1993 | 1994 |
|---|---|---|---|---|---|
| Agropesquero .............. | 59.785 | 64.714 | 62.798 | 59.629 | 58.079 |
| Industria .................. | 1.219.426 | 1.233.201 | 1.229.650 | 1.195.161 | 1.242.967 |
| Construcción .............. | 213.728 | 238.861 | 242.363 | 243.489 | 245.193 |
| Servicios .................. | 1.616.896 | 1.662.671 | 1.686.013 | 1.699.127 | 1.751.800 |
| I.V.A. Grava productos ...... | 200.309 | 205.077 | 219.844 | 214.815 | 212.667 |
| Impuestos ligados importación .. | 22.047 | 21.306 | 19.420 | 16.763 | 12.271 |
| P.I.B. a precios de mercado ...... | 3.332.191 | 3.425.830 | 3.460.088 | 3.428.984 | 3.522.977 |

## ELECCIONES AL PARLAMENTO VASCO DEL 23 DE OCTUBRE DE 1994

| | C. A. DE EUSKADI | | | ÁLAVA | | | VIZCAYA | | | GUIPÚZCOA | | |
|---|---|---|---|---|---|---|---|---|---|---|---|---|
| | Resultados absolutos | % sobre censo | % sobre votantes | Resultados absolutos | % sobre censo | % sobre votantes | Resultados absolutos | % sobre censo | % sobre votantes | Resultados absolutos | % sobre censo | % sobre votantes |
| Censo electoral | 1.749.250 | 100,0 | 0,0 | 228.031 | 100,0 | 0,0 | 958.012 | 100,0 | 0,0 | 563.207 | 100,0 | 0,0 |
| Votos emitidos | 1.044.085 | 59,7 | 0,0 | 138.398 | 60,7 | 0,0 | 578.321 | 60,4 | 0,0 | 327.366 | 58,1 | 0,0 |
| Abstención | 705.165 | 40,3 | 0,0 | 89.633 | 39,3 | 0,0 | 379.691 | 39,6 | 0,0 | 235.841 | 41,9 | 0,0 |
| Blancos | 18.080 | 1,0 | 0,0 | 2.214 | 1,0 | 0,0 | 8.865 | 0,9 | 0,0 | 7.001 | 1,2 | 0,0 |
| Nulos | 6.184 | 0,4 | 0,0 | 898 | 0,4 | 0,0 | 3.496 | 0,4 | 0,0 | 1.790 | 0,3 | 0,0 |
| Partido Nacionalista Vasco (EAJ-PNV) | 304.346 | 17,4 | 29,3 | 29.911 | 13,1 | 21,8 | 201.833 | 21,1 | 35,1 | 72.602 | 12,9 | 22,3 |
| Partido Socialista de Euskadi (PSE-PSOE) | 174.682 | 10,0 | 16,8 | 21.431 | 9,4 | 15,6 | 99.931 | 10,4 | 17,4 | 53.320 | 9,5 | 16,4 |
| Herri Batasuna (HB) | 166.147 | 9,5 | 16,0 | 13.865 | 6,1 | 10,1 | 76.988 | 8,0 | 13,4 | 75.294 | 13,4 | 23,1 |
| Eusko Alkartasuna (EA) | 105.136 | 6,0 | 10,1 | 9.958 | 4,4 | 7,2 | 40.752 | 4,3 | 7,1 | 54.426 | 9,7 | 16,7 |
| Partido Popular (PP) | 146.960 | 8,4 | 14,2 | 21.885 | 9,6 | 15,9 | 86.398 | 9,0 | 15,0 | 38.677 | 6,9 | 11,9 |
| Unidad Alavesa (UA) | 27.797 | 1,6 | 2,7 | 25.469 | 11,2 | 18,5 | 1.489 | 0,2 | 0,3 | 839 | 0,1 | 0,3 |
| Izquierda Unida-Ezker Batua (IU-EB) | 93.291 | 5,3 | 9,0 | 12.484 | 5,5 | 9,1 | 57.765 | 6,0 | 10,0 | 23.042 | 4,1 | 7,1 |
| Coalición Nuevo Partido Socialista (CNPS) | 1.462 | 0,1 | 0,1 | 283 | 0,1 | 0,2 | 804 | 0,1 | 0,1 | 375 | 0,1 | 0,1 |
| Total votos válidos emitidos | 1.037.801 | 59,3 | 100,0 | 137.500 | 60,3 | 100,0 | 574.825 | 60,0 | 100,0 | 325.576 | 57,8 | 100,0 |

## COMPOSICIÓN DEL PARLAMENTO VASCO

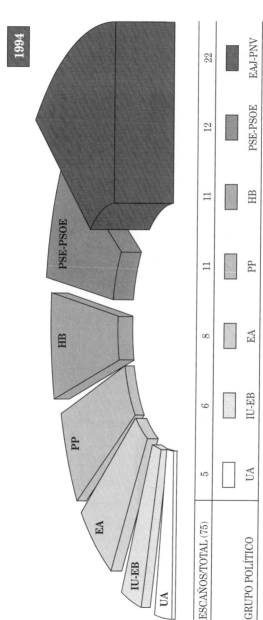

**1994**

| GRUPO POLÍTICO | UA | IU-EB | EA | PP | HB | PSE-PSOE | EAJ-PNV |
|---|---|---|---|---|---|---|---|
| ESCAÑOS/TOTAL (75) | 5 | 6 | 8 | 11 | 11 | 12 | 22 |

# XI
# PARA SABER MÁS

Aguirre Franco, Rafael: *Deporte rural vasco*. Editorial Txertoa, San Sebastián, 1983.

Azaola, José Miguel de: *Los vascos ayer y hoy*, 2 vols. Revista de Occidente, Madrid, 1976.

Baroja, Pío: *País Vasco*. Incafo, Madrid, 1988.

Beltza: *El nacionalismo vasco en el exilio 1937-1960*. Editorial Txertoa, San Sebastián, 1977.

Caro Baroja, Julio: *Los Vascos*. Ediciones Istmo, Madrid, 8.ª edición, 1986.

Collins, Roger: *Los Vascos*. Alianza Universidad, Madrid, 1989.

Delclaux Arostegui, Isidro: *Pequeña historia de un desarrollo singular*. Ediciones Indubán, Bilbao, 1975.

García de Cortázar, Fernando, y Azcona, José Manuel: *El nacionalismo vasco*. Historia 16, Madrid, 1991.

García de Cortázar, Fernando, y Lorenzo Espinosa, José María: *Historia del País Vasco*. Editorial Txertoa, San Sebastián, 1988.

González, Alfonso, y de Benito, Jesús: *Euskadi, país de Fueros*. Diseño Editorial, Madrid, 1992.

Heiberg, Marianne: *La formación de la nación vasca*. Arias Montano Editores, Madrid, 1991.

Humboldt, Karl Wilhelm von: *Primitivos pobladores de España y lengua vasca*, Ediciones Minotauro, Madrid, 1959.

Martínez Salazar, Ángel: *Aquellos ojos extraños* (Euskal Herria en los libros de viajes). Papeles de Zabalanda, Vitoria, 1995.

Menéndez Pidal, Ramón: *En torno a la lengua vasca*. Espasa-Calpe, Col. Austral, Buenos Aires, 1962.

Montero, Manuel: *Historia del País Vasco*. Editorial Txertoa, San Sebastián, 1995.

Morán, Gregorio: *Los españoles que dejaron de serlo: Euskadi, 1937-1981*. Planeta, Barcelona, 1982.

Ormaetxea «Orixe», Nicolás: *Euskaldunak (Los Vascos),* Auñamendi, San Sebastián, 1976

Oteiza, Jorge de: *Quousque tandem? Ensayo de interpretación estética del alma vasca: su origen en el crónlech neolítico y su restablecimiento por el arte contemporáneo*. Editorial Txertoa, San Sebastián, 1971.

Parellada de Cardellac, Juan: *El origen de los vascos*. Plaza & Janés, Editores, Barcelona, 1978.

# APÉNDICE
# LOS VASCOS VISTOS POR LOS EXTRANJEROS

Los extranjeros que han viajado por el País Vasco han reflejado más el paisaje que a sus habitantes. Pero aun así, entre retratos de indumentaria y estampas folclóricas, pueden espigarse también algunos rasgos de su carácter y sus costumbres.

### Aymeric Picaud (siglo XII)

«Sus rostros feroces, así como la propia ferocidad de su bárbaro idioma, ponen terror en el alma de quien los contempla. Como legalmente sólo pueden cobrar impuestos a los mercaderes, el que cobran a los peregrinos y viajeros es ilegal. Cuando la tarifa sobre algo es de cuatro o de seis monedas, ellos cobran ocho o doce, es decir, el doble.»

### Andrea Navagiero (1528)

«En Vitoria se habla castellano, pero entienden el vascuence, y en los más de los pueblos se habla esta lengua... Las muchachas van, hasta que toman estado, con el pelo bien cortado, dejando sólo para adorno algunas mechas, y la misma costumbre hay en Vizcaya y en Guipúzcoa.»

### Diego Cuelbis (1599)

«Cerca del pequeño pueblo de Irún... las mujeres llevan el cabello muy corto, saltando a la morisca con las castañuelas y el tamboril y pidiendo alguna merced por el bien venir como de los forasteros.
»Bilbao es un pueblo muy rico, principal y edificado. Hay abundancia de mantenimientos y trato de gentes y mercadurías. Siempre hay gran pósito de trigo, de manera que nunca siente hambre ni falta. Se consume un excelente pan y hay más de veinte diferencias de vino. Las mozas llevan la cabeza descubierta y pelo corto, hasta que son casadas, como en Bayona y en toda la provincia de Vizcaya.»

### Antoine de Brunel (1655)

«En las tabernas puede darse uno por comido cuando se ha visto su suciedad. La chimenea despide un humo tan denso que a menudo se cree estar en alguna guarida de zorra, de la que se quiere hacer salir al animal que allí se refugia.
»Se trata de un país más pobre y menos fértil que Castilla. Verdad es que siendo frontera no está tan cargado de subsidios y el pueblo es allí más libre. Por eso se encuentran algunas cosas en las posadas, pero lo hacen pagar doble.»

**Marie Catherine Le Jumel** (1679)

«Algunas damas llevan su lechoncito en brazos, como nosotras llevamos nuestros perritos falderos; cierto es que los cerditos estaban muy limpios y adornados con cintas y collares, pero, de todas maneras, tal costumbre resulta inaudita.

»El país llamado Vizcaya es montañoso y en él abundan las minas de hierro. Los vizcaínos trepan sobre las rocas con la ligereza de los ciervos. Su idioma (si puede llamarse así tal jerga) es pobre, hasta tal punto que una sola palabra significa infinidad de cosas distintas.

»Las mozas guipuzcoanas son muy altas, de delgado talle y color moreno, sus dientes blanquísimos y admirables; su cabello negro y lustroso como el azabache, trenzado y rematado con lazos de cinta, cae por la espalda... Su aspecto agrada y seduce.»

**Guillaume Manier** (1726)

(En Irún). «Jóvenes con sus cabellos en trenzas, corpiños azules o rojos, como hechos a torno, rostros graciosos más allá de lo que es posible imaginar... La ciudad está ocupada por tan bello sexo como pueda verse en todas las ciudades de Europa y, por el contrario, por la fealdad de los hombres.»

(En Villaba.) «Los labradores... tienen una laya de dos o tres pies de ancho, de una pieza, con tres o cuatro mangos y en cada mango un hombre, que mueven todos a un tiempo con el fin de arrancar el mayor trozo de tierra.»

**Étienne de Silhouette** (1729)

«Son los hombres animosos y diestros marineros, reputados por su valor y resolución, activos, ágiles y vigilantes. Las mujeres son muy gallardas, prudentes, vigorosas, robustas y bien formadas.»

**Joseph Baretti** (1768)

(En Orduña le contaron que muchos vascos iban a buscar trabajo a Madrid). «... por ser más diestros y diligentes que otros españoles, y se apoyan resueltamente cuando están fuera de su tierra, y fomentan sus intereses respectivos por una especie de alianza tácita... Cuando hacen una pequeña fortuna se retiran a sus queridas montañas y se construyen una buena casa, con cristales en las ventanas y primorosos postigos pintados de amarillo o verde.

»Se me antoja que la vida debe transcurrir muy placenteramente en una región del mundo dotada de tanta hermosura por la Naturaleza, como ocurre en toda Vizcaya, donde la gente no se ve acosada, a diario, con nuevas ordenanzas, nuevas leyes, nuevos edictos, nuevas tonterías...

»En las posadas las mujeres tienen fama de coquetas: miran, susurran, halagan, se insinúan a hurtadillas y dan la mano, todo ello con ánimo de obtener un posible regalo sin la menor intención de corresponder con nada. Tanto casadas como solteras se afanan de esta manera por engañar al viandante.»

**William Bowles** (h. 1770)

«Los bilbaínos... rara vez se les veía borrachos, porque acostumbran comer copiosamente en estos festejos dedicados a la bebida; tanto hombres como mujeres se desayunan, almuerzan, comen al anochecer, y cenan en abundancia, y, sin embargo, gozan de excelente salud.

»... llevan constantemente una pipa en la boca, tanto por gusto como por la creencia de que el tabaco les protege contra la humedad del aire. Unido esto a su natural actividad, viveza y energía, ofrecen, en conjunto, un aspecto que bordea la ferocidad, si no fuera ésta el reverso de su talante, que es fácil y suave en tanto nada provoca su cólera, en cuyo caso la menor chispa la transforma en violencia.

»Las mujeres... son muy trabajadoras y acarrean sobre su cabeza una carga que ha de ser levantada por dos hombres. El marido no gana en fortaleza a la esposa, ni el hermano a la hermana, y después de reconfortarse con un trago prosiguen su trabajo con ligereza, no obstante la pesada carga.»

### Jean François Peyron (1773)

(Bergara)... «Hoy esa pequeña villa se ha hecho famosa por su Academia conocida bajo el nombre de Amigos del País, en la que se reúnen los mejores maestros de todas clases, para educar allí a la joven nobleza de los alrededores.»

### Henry Swinburne (1775)

«Nos vemos obligados a llevar no solamente nuestras camas, sino también pan, vino, carne, aceite y sal para cuando vamos de una ciudad a otra... Si por casualidad nos encontramos una silla cojitranca nos consideramos muy afortunados. No obstante es asombroso lo que cuesta viajar por este país. Por el alojamiento y por el ruido de la casa piden lo que podrían pedir por una buena cena y una hermosa habitación en las mejores ventas de casi todos los demás países de Europa.»

### Jean François Bourgoing (1782)

«Los cocheros..., provistos siempre de reliquias y escapularios, jamás olvidaban el santiguarse antes de emprender el viaje»... (Algunos habían perdido confianza en las facultades protectoras de los santos)... "pero ese número no era más que un porcentaje minúsculo en una población adicta a la credulidad piadosa y al vacío formalismo religioso".

»¡Qué diferencia entre el aspecto de esta región y el de la región vecina!... Los castellanos son tristes y silenciosos como sus llanuras y llevan en sus rostros la huella del fastidio y de la pobreza. En Vasconia... las gentes tienen otro aspecto, otra fisonomía, otro carácter. Libres, alegres y hospitalarias, parece que al sentir su felicidad, quieren compartirla con quienes la presencian.»

### Alexander Jardine (1788)

(En Bergara)... «... me produjo suma satisfacción encontrar una Sociedad Académica para el fomento de las artes y los oficios, fundada recientemente sobre unos principios benévolos y filantrópicos... Pero por el espíritu receloso y malévolo de su gobierno y religión, se ven forzados a proceder con excesiva cautela en su selección de profesores, libros y temas de estudio, pues de no obrar así, algún inquisidor, fraile o delator, o tal vez algún francés influyente en la corte, podrían cortar de raíz todos los planes trazados.»

### Christian Augustus Fischer (1797)

(Ugao-Miravalles)... «Aquí hay dos individuos que marcan el compás sobre sus jarros; allá un novelista grueso quien, según dicen, acaba de llegar de Bayona... Más lejos, uno tocaba la guitarra y unas muchachas retozando con sus galanes; al lado, algunos borrachos a punto de agredirse. Añadid los gritos estridentes de la posadera que hace sus cuentas; las voces confusas de los bebedores que piden vino; la elocuencia del tabernero que se esfuerza para vender una borrica; un tamboril que hace bailar a los jóvenes; la algazara de las mulas, separadas de la cocina por un simple tabique; en fin, el ladrido de los perros, mezclado a todo ese aquelarre, y así tendréis un cuadro fiel de esta ruidosa escena.»

### Heinrich Friedrich Link (1797)

«Se haría una gran injuria a los vascos si se les confundiera con los otros habitantes de España; ellos se distinguen por una mucho mayor vivacidad y una mucho mayor pulcritud en el exterior. Existe poca diferencia entre ellos y los franceses, a pesar de que el bello sexo no es tan hermoso como en Francia; las mujeres en su mayoría tienen la figura bastante ordinaria. Llevan un pañuelo alrededor de los cabellos como las portuguesas, con las cuales tienen en general mucho parecido en cuanto a la educación y a la jovialidad.»

(Vitoria)... «Los habitantes, que son pequeños de estatura, enjutos, morenos, y que llevan a menudo barbas muy largas, se arropan en capas y capotes parduzcos hechos con lana sin teñir, lo cual no ayuda a crear un buen concepto del bienestar del país.

»En toda Vasconia las posadas tienen buenas camas y buena comida, aun cuando las habitaciones no son bonitas y se hallen por lo general sobre los establos, con lo que las campanillas de las caballerías molestan el sueño de los viajeros.»

### Karl Wilhelm von Humboldt (1801)

(En Durango)... «... hay verdaderas pequeñas asambleas populares, pues los montañeses, para no perder nada de tiempo en la semana, cuidan de sus pequeñas compras el domingo, están de todas las edades, ya aislados y quietos con el palo puesto bajo los hombros y las piernas cruzadas, ya en grupos en animada conversación, la mayoría en posturas y ademanes pintorescos, pues los movimientos naturales de un pueblo de carácter libre y cuerpo perfecto ya son siempre por sí mismos propicios al arte.

»Se baila en la plaza, sin distinción de clase, todos los domingos y días de fiesta, a costa del municipio y bajo la vigilancia pública, y los diferentes lugares se distinguen tanto por diferentes danzas, que sólo pertenecen a éste o aquél exclusivamente... El tamborilero toca la flauta y el tamboril al mismo tiempo. La flauta que viene de la boca hacia abajo recta, maneja con la mano izquierda; con la derecha bate el tamboril con un palillo. Es mantenido y asalariado por el municipio.»

### Edwar Hawke Locker (1813)

(Día de feria en Tolosa)... «Son las mujeres extremadamente bonitas... con un cutis que no es normal contemplar en las provincias del sur... y que se realza por un ramillete de cintas oscuras que lucen alrededor de la frente, con el pelo bellamente trenzado por detrás y encima de la cabeza aparece una elegante pañoleta, colocada con mucho gusto. Para realzar el conjunto exhibían gran cantidad de pendientes y collares, que añaden gran esplendor a su aspecto. Los hombres desmerecen un tanto a su lado. La capa marrón y calzones, chambergo y polainas, les confiere un aspecto raro y sería capaz de ocultar la simetría de un Apolo.»

**Victor Aimé Huber** (1829)

«Los españoles tienen la tez morena, sombrío el aspecto de la cara, negros los ojos y los cabellos, llevando sombrero de alas anchas, redecillas, anchas capas pardas, y siendo perezosos, sucios, harapientos, sin industria... En las provincias vascas, en vano se buscaría nada parecido... Son más bien rubios que negros; no llevan sombreros de anchas alas ni largas capas pardas, ni cabellos en redecillas; son atractivos, alegres, la mayoría con bienestar, y constituyen sin contradicción una de las poblaciones más industriosas del mundo.»

**Samuel Edward Cook** (1831)

«Los labradores alaveses usan layas u horcas de hierro, de las que cada persona maneja dos. Se ponen en fila y, al hundir la herramienta en la tierra, levantan un terrón, lo que produce el mismo efecto que un arado profundo. Las mujeres comparten con los hombres este trabajo que es extremadamente duro pero que se lleva a cabo con la mayor alegría.»

**Édouard Magnien** (1837)

(Vitoria-Gasteiz). «En la Plaza Mayor se celebra mercado público, y en ella se reúnen los obreros sin trabajo de los alrededores, provistos de las herramientas de su oficio, para alquilar sus brazos a los labradores. La ciudad se jacta de poseer el mejor parador del país. El servicio de este vasto establecimiento puede ser comparado al de una pasable y grande posada del camno de Francia o de Inglaterra. En él, al menos, si le decís al patrón:

—¿Qué tiene usted de bueno?

No os dirá, con tono lánguido y voz cansina, como en otras posadas:

—Lo que ustedes hayan traído.»

**Frederick Hardman** (1838)

«Los aldeanos que van a Vitoria con sus mulas cargadas de leña y carbón vegetal, se sitúan junto a la fuente e intentan hacer alarde de galantería, piropeando a las pechugonas aguadoras, cuyas faldas brillantes, amarillas o carmesí, tobillos bien torneados, corpiños prietos y abundante pelo negro, abrillantado con algún ungüento, constituyen a los ojos de los carboneros y leñeros el colmo de la belleza... Todo tipo de gente baja concurre allí para decir algo bonito a las mozas, las cuales, después de recibir su ración de cumplidos y admiración, se alejaban a pasitos cortos con sus vasijas llenas de agua fresca en equilibrio sobre la cabeza, dejando el sitio a otras que tal.»

**George Borrow** (1839)

«Los vascos, en general, tienen bellas facciones y hermosa tez, y se parecen no poco a ciertas tribus tártaras del Cáucaso. Su bravura es indiscutible, y pasan por ser los mejores soldados con que cuenta la corona de España: hecho que en gran parte corrobora la suposición de que son de origen tártaro, la fama más belicosa de todas, y la que ha producido los más famosos conquistadores... Pero son un tanto lerdos, y su capacidad no es ni con mucho de primer orden, en lo cual se parecen también a los tártaros.»

**Théophile Gautier** (1840) (1864)

«Compren ustedes fajas encarnadas para abrigarse el vientre; lleven trabucos, peines y frascos de agua insecticida; no olviden proveerse de galletas y provisiones, pues los españoles desayunan una cucharada de chocolate, comen un diente de ajo rociado con un vaso de agua y cenan un cigarrillo de papel; no estaría de más tampoco que llevasen consigo un colchón y una marmita... En la posada puede oírse este diálogo:

—Desearía tomar algo.
—Tome usted una silla.
—Muy bien, pero preferiría tomar algo más nutritivo.
—¿Qué trae usted?
—Nada.
—Entonces, ¿cómo quiere usted que yo le sirva de comer?

Después, ya en sus aposentos, les deslumbró la blancura de las cortinas de la cama y de los balcones, la limpieza holandesa de los suelos y el cuidado perfecto de todos los detalles.»

(En Vergara)... «Un cura. Figuraos una sotana negra, el manteo del mismo color, y como coronamiento de todo, un sombrero inmenso, prodigioso, fenomenal, hiperbólico y titánico... Las alas van arrolladas hacia arriba y forman, delante y detrás de la cabeza, una especie de tejado horizontal. Es difícil inventar nada más barroco y fantástico...»

(1864)

«Al atravesar los Pirineos añorábamos un poco el antiguo correo con sus diez mulas aparejadas de dos en dos, su delantero, que no abandonaba la silla desde Bayona hasta Madrid, su zagal, corriendo a lo largo del tiro y arrojando piedras a las bestias perezosas, su mayoral, ufano con su traje de coderas abigarradas, sus escopeteros acostados sobre la imperial, su cascabeleo, su ruido de hierros y su mosquetería de latigazos.»

(En los toros)... «Bocinas de hojalata, campanillas de burro, racimos de cascabeles, cornetas, tambores, carracas, todo lo que pudiera poner en el alboroto una nota agria, ronca o discordante, porque el ruido es un elemento de la alegría y no cabe diversión silenciosa.»

(La cena)... «No fue tan mala como afirma más de una crónica, y era un alegre espectáculo ver esta larga mesa llena, si no de viandas, de huéspedes, como en esos gigantescos banquetes que pintó Pablo Veronés.»

### Gustave Flaubert (1840)

«En Bayona se habla mucho de Biarritz. Es una población alegre y vivaracha que ha bajado de la montaña; su habla es rápida y marcada —sólo la comprenden ellos— y sirve de lengua común en las dos fronteras... Allí se va a bañarse, a bailar. El País Vasco me pareció precioso. Vi España, estoy orgulloso y feliz, me gustaría vivir allí.»

### Víctor Hugo (1843)

«Quien haya visto una vez el País Vasco desea volver a verlo de nuevo. Aquélla es una tierra bendita; dos cosechas al año, aldeas rientes en su pobreza altiva. Llenas de sonidos y de alegría... en los bailes a los que acude la gente moza a arrullar sus amores.»

### Prosper Mérimée (1850)

«Conocí a Maruja, señora vasca con un apellido que termina en ...etchea y con doce o quince sílabas. Tiene un hermano médico en Madrid, que ha jurado apuñalarla por haber deshonrado el apellido de los ...etchea. El caso es que esa señora era virgen».

### Terence Mason Hughes (1856)

«En todos los sitios las mujeres estaban trabajando en el campo y tenían, excepto las más jóvenes, un aspecto cansado y ojeroso. Los hombres se calaban una bereta o boina azul y abarcas, o calzado de cuero sin curtir. El trenzado del cabello no es tan frecuente aquí (en Vitoria, como en Guipúzcoa) entre las mujeres y algunas llevan en la cabeza pañuelos muy poco elegantes. Comenzaban a verse labradores con sombreros de terciopelo, en punta o con herretes y, a veces, con escarapelas de color rosa o cintas sujetas en ellos. Las borlas son también muy corrientes.»

### Justin Édouard Mathieu (1857)

«Regatas. La fuerza, la destreza muscular, las actitudes plásticas, el desgaire con que esta especie de tritones chocan, se disputan, se baten en este alemento agitado... Los aficionados llevan el pantalón blanco, la chaqueta redonda y azul, el cinturón rojo, las medias de hilo, los zapatos con roseta, el sombrero redondo con plumas blancas.»

### Hans Christian Andersen (1862)

(De Vitoria a Olazagutia)... «Para muchas señoras mayores la locomotora era algo nuevo y diabólico; todas hacían la señal de la cruz al subir al vagón, y tornaban a santiguarse al tomar asiento y al oír el silbato del tren.»

### Henri Regnault (1868)

(Bilbao)... «Esta noche hemos recorrido la ciudad, de aspecto encantador y limpieza irreprochable. Las casas, cubiertas con esa clase de galerías acristaladas que llaman en el país, según creo, miradores, deben de tener al sol mucho más carácter, ofreciendo hermosos reflejos. Las personas que traté me parecieron, hasta ahora, de una cortesía y amabilidad perfectas.»

«Antes de cenar nos fuimos al paseo público y vimos, en muy gran número, las más bonitas mujeres que cabe soñar; puede decirse que todas están bien; unas preciosas y las otras (las peores) llenas, sin embargo, de gracia.»

### Henry Morton Stanley (1869)

«Las Vascongadas son un país montañoso —la Suiza de España—, indómito, orgulloso, tribal, supersticioso y carlista hasta la médula. En muchos aspectos, como la lengua, el vestir, las costumbres, la superstición o la idea favorable que sus habitantes tienen de sí mismos, se parecen bastante, en mi opinión, a los galeses. Cada vascongado, al igual que cada galés, es descendiente de un rey o de un noble de alto rango. Adán fue el primero que habló vasco, si bien los hay que afirman que lo que habló fue galés. Noé habló vasco. Los diez mandamientos se ha dicho que fueron escritos en vasco. De ahí que estos provincianos sean gente tan distinguida, bien plantada e independiente...

»El pasatiempo de los hombres son las canciones, las danzas y las cachiporras. En ese sentido se parecen a los irlandeses. Aman a su tierra natal y la prefieren a cualquier otra parte de España. Es un pueblo agrícola y laborioso; sus risueños valles denotan prosperidad... La mayoría de sus tierras no tienen más de cinco acres, cultivadas únicamente con el azadón y la laya a manos de unos austeros marido y mujer y de sus hijos, tanto varones como las hembras, sin sentirse por ello humillados.»